留学生本科必修课系列教材

第二版

1

汉语纵横 Jump High

A Systematic Chinese Course

会话课本

Conversation TEXTBOOK

王丕承　编著

北京语言大学出版社
BEIJING LANGUAGE AND CULTURE UNIVERSITY PRESS

图书在版编目（CIP）数据

汉语·纵横会话课本. 1 / 王丕承编著. —2版.
—北京：北京语言大学出版社，2011.9（2019.2 重印）
留学生本科必修课系列教材
ISBN 978-7-5619-3108-0

Ⅰ.①汉… Ⅱ.①王… Ⅲ.①汉语—口语—对外汉语教学—教材 Ⅳ.①H195.4

中国版本图书馆CIP数据核字(2011)第178413号

书　　名：汉语·纵横　会话课本1
插图绘制：管维宁
责任印制：周　燚

出版发行：北京语言大学出版社
社　　址：北京市海淀区学院路15号　　**邮政编码**：100083
网　　址：www.blcup.com
电　　话：发行部　010-82303650 / 3591 / 3651
编辑部　010-82303647 / 3592
读者服务部　010-82303653 / 3908
网上订购电话　010-82303668
客户服务信箱　service@blcup.net
印　　刷：北京虎彩文化传播有限公司
经　　销：全国新华书店

版　　次：2011年9月第2版　　2019年2月第3次印刷
开　　本：889毫米×1194毫米　1/16　　**印张**：11.5
字　　数：248千字
书　　号：ISBN 978-7-5619-3108-0/H·11153
定　　价：48.00元

第二版前言

《汉语·纵横》是《外国学生汉语言专业本科系列教材》(中国社会科学出版社，2004年)的修订版，包括汉语精读、汉语会话、汉语听力 / 视听说、汉语写作、外汉翻译五大纵向技能，从预科到三年级下册七大横向层次，纵横匹配的留学生本科必修课系列教材，共计 38 册。

此次修订，主要体现在以下几方面。

一 补齐初版空缺的部分教材

目前国内设置的留学生本科学制一般为四年。四年级大多开设专业课、撰写毕业论文，汉语技能训练课一般安排在从预科到三年级下学期共计 7 个学期内学习。此次修订我们补齐了三年级下册的精读课本、三年级上下册的会话课本、汉语写作（上、下）以及英汉、日汉、韩汉翻译教程。这样本套教材在横向的七个层次、纵向的听说读写译五大技能的匹配上更为完善。

二 课本与练习各自独立成册

本系列教材练习题型多样，题量丰富，此次修订仍保留了这一特点。为便于学习和使用，将课本与相应练习各自独立成册。

三 词语表增加了词语在《汉语国际教育用音节汉字词汇等级划分》中所属等级

初版教材每册课本“词语总表”标注了每个词语在《高等学校外国留学生汉语言专业教学大纲》、《汉语水平词汇与汉字等级大纲》中所属等级，此次修订增加了词语在 2010 年 10 月颁布的《汉语国际教育用音节汉字词汇等级划分》中所属等级，方便使用者参考。

四 预科和一年级上册课本增加了英语注释

国内对外汉语教学模式一般都将汉语基础语法项目和语言点安排在初级阶段学习，而此时正是学习者汉语水平最低阶段，讲解语法点和语言点会遇到一些专业术语，将增加学习负担。此次修订，我们采纳了使用者的意见，增加了预科、一年级上册两个等级各类教材的英语注释。

五 每册课本前增加了“使用说明”

每册课本前增加的“使用说明”，详细说明了本册课本的适用对象、课时安排、讲解重点以及注意事项。

六 版式设计更专业

北京语言大学出版社以出版对外汉语教材而享誉全球，此次修订在版式设计上更美观，图片精美，排版疏朗大方，更适合学习使用。

初版教材自出版以来受到广大使用者的普遍好评，2008 年获得北京师范大学本科教育优秀奖。现在《汉语·纵横》出版在即，我们全体编写者衷心感谢几年来教材使用者向我们提供的宝贵修改意见；衷心感谢北京师范大学汉语文化学院对本教材修订给予的支持和资助；衷心感谢北京语言大学出版社为编辑、出版第二版付出的大量认真辛苦的工作。

原编写委员会主任之一陈绂教授已退休多年，此次修订出版工作由马燕华全面负责。在此，本人衷心感谢全体编写人员对我的充分信任和大力支持。

《汉语·纵横》编写委员会主任　马燕华

2011 年 8 月

使用说明

一 适用对象

本册教材适用于已经掌握 1000 个左右的汉语常用词，具备基本汉语交际能力的学习者。

二 课时安排

本册教材共 15 课，每课建议 6 课时完成。

每课的教学安排可以设计为：前 4 个课时处理课文部分的教学任务，后 2 个课时进行练习题的讲练。因课文较长以及新词语较多，也可视教学时间的不同进行相应调整。

三 讲解重点

为了突出体现汉语口语特点以及对汉语口语交际能力的培养，会话系列教材把教学重点放在了汉语口语句式和词语上，在课文后的“注释”部分提供了讲解和例句，这部分内容也是练习册中重点操练的对象。

会话系列教材课文中出现的一些语法现象是对与之配套的精读教材语法点的复现，目的是为了使这些语法点在口语课上进一步得到操练。

四 其他

本教材的教学目的是培养学习者的汉语口语交际能力，因此在编写时注重突出汉语口语的特点，注重把语言结构、语言功能和中国文化结合起来。同时练习册中设计了大量的具有互动性的练习题，为教师在课堂教学过程中安排分组活动、开展任务型教学提供了一定的基础和扩展空间。

本教材练习题丰富多样，供教师根据学习者的语言水平和教学进展的情况选择使用。有些练习题可以在学习者有所准备之后在课堂上完成，有些可留作书面家庭作业，学习者课下完成以后仍然可以在课堂上进行口语操练。

编者　王丕承

2011 年 8 月

词类简称表
Abbreviations of Parts of Speech

缩写 Abbreviations	英文全称 Parts of speech in English	词类名称及简称 Parts of speech and abbreviations in Chinese	拼音 Parts of speech in *pinyin*
Adj	Adjective	形容词（形）	xíngróngcí
Adv	Adverb	副词（副）	fùcí
AsPt	Aspect Particle	动态助词	dòngtài zhùcí
Conj	Conjunction	连词（连）	liáncí
Int	Interjection	叹词（叹）	tàncí
M	Measure Word	量词（量）	liàngcí
MdPt	Modal Particle	语气助词	yǔqì zhùcí
N	Noun	名词（名）	míngcí
Nu	Numeral	数词（数）	shùcí
Ono	Onomatopoeia	拟声词（拟声）	nǐshēngcí
OpV	Optative Verb	能愿动词（能愿）	néngyuàn dòngcí
PN	Proper Noun	专有名词（专名）	zhuānyǒu míngcí
Pr	Pronoun	代词（代）	dàicí
Pref	Prefix	词头（头）	cítóu
Prep	Preposition	介词（介）	jiècí
Pt	Particle	助词（助）	zhùcí
Q	Quantifier	数量词（数量）	shùliàngcí
StPt	Structural Particle	结构助词	jiégòu zhùcí
Suf	Suffix	词尾（尾）	cíwěi
V	Verb	动词（动）	dòngcí
V//O	Verb-Object Compound	离合词（离）	líhécí

目录 Contents

页码	题目	注释	功能项目
31	4 wǒ xiǎng zū ge lí xué xiào bǐ jiào jìn de fáng zi 我想租个离学校比较近的房子 I want to rent an apartment near the campus	1. 心里没底 2. 不敢当 3. 其实 4. 不光……而且…… 5. 据说…… 6. 没关系 7. 先……，然后…… 8. 相当于	1.（用“不敢当”）表示谦虚 2.（用“能……吗”“能不能”）进行商量 3. 描述情况或做法 4.（用“据说”）转述从其他途径得到的情况或消息 5.（用“因为”）说明原因 6.（用“没关系”）表示谅解或劝慰 7. 表示突然明白了
41	5 wǒ dǎ suàn zhōu mò qù kàn diàn yǐng 我打算周末去看电影 I'd like to go to the cinema this weekend	1. 不论……还是……，都…… 2. ……来着 3. A 还是 B 4. 一举两得 5. 其中 6. 本来 7. 还真没看出来 8. 怪不得	1.（用“多么”）表示感慨 2.（用“……的，……的”）表示列举 3. 表示喜欢 4. 表示猜测 5. 表示建议 6. 表示服从
51	6 nǐ xiǎng qù shén me dì fang lǚ yóu ne 你想去什么地方旅游呢 Where do you want to travel	1. 准备+V 2. 说不好 3. 怎么说呢 4. 你还别说 5. 依……看 6. 让 A 替 B+V 7. 再……不过了 8. 总不能……吧	1.（用“打算”“准备”“想”）说明计划安排 2.（用“可能”）表示估计 3.（用“肯定”“当然”“一定”）表示肯定 4. 祝愿旅途顺利）

1

qí zì xíng chē yǒu nǎ xiē hǎo chu ne

骑自行车有哪些好处呢

What are the advantages of riding a bike

课文 Text

mǎ kè shān xià nǐ hǎo
马 克：山下，你好！

shān xià mǎ kè nǐ hǎo hǎo jiǔ bú jiàn nǐ zuì jìn máng shén me ne
山 下：马克，你好！好久不见，你最近忙什么呢？

mǎ kè kāi xué yǐ hòu wǒ gāng huàn wán le sù shè xiàn zài qù mǎi diǎnr dōng xi dǎ suàn zhōu mò chū qu wánr
马 克：开学以后，我刚换完了宿舍。现在去买点儿东西，打算周末出去玩儿。

shān xià wǒ cháng kàn jiàn nǐ zài xiào yuán li qí zì xíng chē nǐ wèi shén me zhè me xǐ huan qí chē
山 下：我常看见你在校园里骑自行车，你为什么这么喜欢骑车？

mǎ kè wǒ jué de qí chē jì fāng biàn yòu bú pà dǔ chē hái néng duàn liàn shēn tǐ qí zì xíng chē chū qu wánr kě yǐ biān qí biān kàn lù biān de fēng jǐng
马 克：我觉得骑车既方便，又不怕堵车，还能锻炼身体。骑自行车出去玩儿，可以边骑边看路边的风景。

shān xià qí zì xíng chē què shí bú cuò
山 下：骑自行车确实不错。

mǎ kè hái yǒu hěn duō hǎo chu ne bǐ fang shuō nǐ yòng bu zháo dān xīn méi dì fang tíng chē xiǎng tíng jiù tíng xiǎng zǒu jiù zǒu tǐng fāng biàn de
马 克：还有很多好处呢。比方说，你用不着担心没地方停车，想停就停，想走就走，挺方便的。

shān xià　qí chē qù jù lí jìn de dì fang dāng rán bǐ jiào fāng biàn　dàn qù yuǎn de
山　下：骑车去距离近的地方当然比较方便，但去远的
dì fang jiù bù xíng le　hái shi děi zuò qì chē
地方就不行了，还是得坐汽车。

mǎ kè　duì　qù yuǎn de dì fang wǒ yě cháng dǎ chē　kě shì　zuò chū zū chē bù
马　克：对，去远的地方我也常打车。可是，坐出租车不
róng yì kàn qīng wài mian de fēng jǐng　zài shuō　lù shang de qì chē yuè lái
容易看清外面的风景。再说，路上的汽车越来
yuè duō　dǎ chē jīng cháng huì yù dào dǔ chē
越多，打车经常会遇到堵车。

shān xià　dǎ chē yǒu shí hou què shí bú tài fāng biàn　běi jīng yīng gāi duō fā zhǎn
山　下：打车有时候确实不太方便。北京应该多发展
gōng gòng jiāo tōng　cǎi yòng zhè zhǒng bàn fǎ néng jiě jué dǔ chē de wèn tí
公共交通，采用这种办法能解决堵车的问题。
zhōu mò chū qu wánr　nǐ dǎ suàn qí chē qù ma
周末出去玩儿，你打算骑车去吗？

mǎ kè　duì　zhōu liù wǒ xiǎng hé wǒ men bān de jǐ ge tóng xué yì qǐ qí chē qù
马　克：对，周六我想和我们班的几个同学一起骑车去
běi hǎi　gù gōng hé tiān ān mén guǎng chǎng　nǐ xiǎng bu xiǎng gēn wǒ men yì
北海、故宫和天安门广场。你想不想跟我们一
qǐ qù
起去？

shān xià　wǒ dāng rán xiǎng　kě wǒ hái méi zì xíng chē ne　nǐ zhī dao zài nǎr
山　下：我当然想，可我还没自行车呢。你知道在哪儿
néng mǎi dào yí liàng ma
能买到一辆吗？

mǎ kè　zhè nǐ bié dān xīn　xué xiào nán mén páng biān yǒu mài zì xíng chē de　jià
马　克：这你别担心，学校南门旁边有卖自行车的，价
qián yě bú tài guì
钱也不太贵。

shān xià　tài hǎo le　zì xíng chē de wèn tí jiě jué le　nǎ wǒ zài nǎr gēn
山　下：太好了，自行车的问题解决了！那我在哪儿跟
nǐ men jiàn miàn ne
你们见面呢？

mǎ kè wǒ men dǎ suàn xīng qī liù zǎo shang bā diǎn zài xué xiào nán mén jí hé zěn
马 克：我们打算星期六早上八点在学校南门集合。怎

me yàng zài nàr jiàn miàn xíng ma
么样？在那儿见面行吗？

shān xià xíng méi wèn tí nà zán men yì yán wéi dìng
山 下：行，没问题！那咱们一言为定！

mǎ kè hǎo yì yán wéi dìng bú jiàn bú sàn
马 克：好，一言为定！不见不散！

词语表 Vocabulary

1.	哪些	nǎxiē	Pr	which, who, what (*plural*) 你去过哪些地方/哪些交通方式/你们班有哪些老师
2.	校园	xiàoyuán	N	campus, school yard 校园生活/美丽的校园/校园很大
3.	既	jì	Adv	both…and…, as well as (*often used together with such adverbs as "又", "且", "也"*) 既聪明又能干/坐地铁既快且安全/既学汉语也学英语
4.	锻炼	duànliàn	V	have physical training, take exercise 锻炼身体/体育锻炼/锻炼自己
5.	边……边……	biān……biān……		*used with two verbs respectively to indicate simultaneous actions* 边学习边打工/边走边唱/边听边翻译
6.	风景	fēngjǐng	N	scenery, landscape 风景很美/美丽的风景/风景区
7.	用不着	yòng bu zháo		need not, do not have to 用不着为我担心/用不着生气/用不着说这么多

8.	担心	dān xīn	V//O	worry, feel anxious 不用担心/担心他/担心情况有变化
9.	距离	jùlí	N	distance 距离很远/还有一段距离/距离近很方便
10.	但	dàn	Conj	but, yet, still, nevertheless 他生病了，但还来上课。/好吃但不贵/虽然很累，但很高兴。
11.	打车	dǎ chē	V//O	hail a taxi, take a taxi 打车有时候不方便/打车比较贵/咱们还是打车吧。
12.	清	qīng	Adj	distinct, lucid, clear 听清了你的话/说清这个字的发音/可以看清远处的风景
13.	外面	wàimian	N	outside, out, exterior 到外面看看/外面的世界/学校外面的餐厅
14.	采用	cǎiyòng	V	employ, adopt, use 采用灵活的方式/采用他的意见/采用正确的方法
15.	解决	jiějué	V	solve, resolve, overcome 解决问题/解决困难/怎么解决
16.	广场	guǎngchǎng	N	public square, plaza 一个小广场/在广场集合/广场上有很多人
17.	可	kě	Conj	but, yet 我想去中国旅行，可我一点儿汉语也不会。/得到了可还是会失去/那个饭馆很小可很多人去。
18.	辆	liàng	M	*used for vehicles* 一辆公共汽车/一辆自行车/有辆汽车确实很方便
19.	集合	jíhé	V	gather, assemble, muster, call together 在门口集合/集合的地点/集合了以后一起去

20.	一言为定	yì yán wéi dìng	that's settled then, it's a deal 那咱们一言为定。/一言为定就不再改了。/一言为定，明天见。

专有名词 Proper Nouns

1.	马克	Mǎkè	name of a young male student from the United States who is studying Chinese in Beijing
2.	山下	Shānxià	name of a young female student from Japan who is studying Chinese in Beijing
3.	北海	Běihǎi	Beihai Park
4.	故宫	Gù Gōng	Palace Museum
5.	天安门广场	Tiān'ānmén Guǎngchǎng	Tian'anmen Spuare

注释 Notes

1 你最近忙什么呢？

最近忙什么：汉语中见面时的问候语。既表示了对对方的问候和关心，同时又询问最近做了什么事情。例如：

最近忙什么 **(what are you busy with lately)**：It is a frequently used greeting in Chinese. It not only extends greetings to and show care for the listener, but also inquires about what the listener has been doing recently. For example,

① A：好久不见，你最近忙什么呢？
　B：我最近刚忙完入学的事。
② A：你好，最近忙什么呢？
　B：我最近忙搬家的事呢。
③ A：你最近忙什么呢，山下？
　B：马克，我最近正在忙换班的事。

2 我觉得骑车既方便，又不怕堵车，还能锻炼身体。

既……，又……，还……：表示并列关系的关联词语，连接动词或形容词，表示三个方面或更多的性质和情况同时存在。常用"既……，又……"表示两个方面，如果有三个或更多方面，就再加上"还……"。例如：

既……，又……，还…… (both...and..., as well as...)：They are conjunctions that indicate a coordinate relationship. They are used to connect verbs or adjectives to express the coexistence of three aspects or more characteristics or circumstances. "既……，又……" involves two aspects, and if there are three or more aspects, "还" should be added. For example,

① A：你为什么来中国？
B：我来中国，既可以学汉语，又可以了解中国的情况，有时间还可以去旅游。
② A：学习汉语的时候都要注意学什么呢？
B：学习汉语，既要注意学语法，又要注意提高阅读能力，还别忘了学习会话和听力。
③ A：最近学习实在太忙了！
B：你既要努力学习，又要注意锻炼身体才行。

3 骑自行车出去玩儿，可以边骑边看路边的风景。

边……边……：表示同时做两件事情，常用在一个句子中，两个"边"后跟动词或动词短语。口语中常用。正式的说法是"一边……，一边……"。例如：

边……边…… (...while...)：It indicates two actions taking place at the same time. The two "边" are often used in one sentence, with a verb or verbal phrase after each. The structure is often used in spoken language, and the formal expression should be "一边……，一边……". For example,

① A：在中国学汉语有什么好处呢？
B：在中国，可以边学汉语边了解中国的情况。
② A：他常常边听音乐边锻炼身体。
B：对，他很会利用时间。
③ A：和朋友一起边喝啤酒边看足球比赛，是件很快乐的事情。
B：我也常跟朋友这么做。

4 骑自行车确实不错。

确实：表示肯定的意思，说明情况是真的。用来表示强调并且加强语气。口语中常用。例如：

确实 (indeed)：It means affirmation, assuring that the situation is true. It is often used in spoken language to emphasize and strengthen the tone. For example,

① A：骑自行车确实比较方便。
B：对，骑自行车还不用担心堵车。

② A：打车有时不太方便。
　B：打车有时候确实要等很长时间。
③ A：今年夏天好像比往年都要热。
　B：确实太热了，从来没这么热过。

5 比方说，你用不着担心没地方停车。

比方说：举例时的插入语，可以用在句子的开始或中间。也可以说“比如”、“如”等。例如：

比方说 (for example)：It is used as a parenthesis when giving examples. It can be used at the beginning or in the middle of a sentence. We can also say “比如” or “如” etc. instead. For example,

① A：北京有很多漂亮的公园吗？
　B：是啊，很多。比方说，北海公园就很漂亮。
② A：在哪儿买东西比较方便？
　B：比方说，在学校里的超市就很方便。
③ A：学习汉语有什么好方法吗？
　B：有啊，比如，交中国朋友就是一种好方法。

6 想停就停，想走就走，挺方便的。

想……就……：表示要做什么事情，就可以做什么事情，完全可以按照意愿去做。“想”和“就”后面用相同的动词或动词短语。例如：

想……就……：It means one can do whatever one wants to do and can do it all according to one' s wish. The same verb or verbal phrase should be used after “想” and “就”. For example,

① A：在超市买东西很方便。
　B：对，想买什么就买什么，挺方便。
② A：在你们那儿出去玩儿方便吗？
　B：我们这个城市不大，你可以随便出去玩儿，想去什么地方，就去什么地方。
③ A：我总觉得我说不好汉语。
　B：这样不好，你应该想说就说，别担心会说错。

7 这你别担心，学校南门旁边有卖自行车的，价钱也不太贵。

别担心：用来安慰别人的话，表示不用放心不下什么事情。例如：

别担心 (don't worry)：It is an expression to console others, indicating that there is no need to feel anxious about something. For example,

① A：我最近身体常常不舒服。
　B：别担心，休息休息就会好的。
② A：我遇到堵车，可能会迟到。
　B：你别担心，他们会等你的。

③ A：我觉得学汉语很难。
B：学汉语不难，你一定能学好汉语，别担心。

8 那咱们一言为定！

一言为定： 习惯用语。表示经过商量已经决定的意思，是对商量的对方说的话。可以用在句子里，也可以单独使用。例如：

一言为定 (it is a deal)： It is an idiomatic usage which means that a decision has been made after negotiation. It is said to the other party with whom the speaker has negotiated. It can be used in a sentence or alone. For example,

① A：那咱们明天就在宿舍门口见面了。
B：一言为定！不见不散！
② A：咱们明天一起去看足球比赛。
B：好，那咱们就一言为定！
③ A：一言为定，咱们在学校门口集合。
B：一言为定。

9 好，一言为定！不见不散！

不见不散： 习惯用语，常用在与别人约定见面时。表示相约在某个地方见面，先到的人没见到对方就一定不走开。可以用在句子里，也可以单独使用。例如：

不见不散 (will not leave without seeing each other)： It is an idiomatic usage often used when the speaker makes an appointment with the other party. It means that both parties agree to meet somewhere and the one who arrives there first will never leave without seeing the other one. It can be used in a sentence or alone. For example,

① A：那咱们下午就在学校门口见了。
B：好，我一定等你！不见不散！
② A：咱们明天一起去看电影吧。
B：行，那咱们就一言为定！不见不散！
③ A：咱们在宿舍门口集合，不见不散！
B：不见不散！

功能项目 Function Items

功能项目	例　句
1. 打招呼同时询问最近情况 To greet someone and ask how he/she is doing	① A：你好！好久不见，你最近忙什么呢？ B：开学以后，我刚换完了宿舍。 ② A：你好！没想到很快又见面了。 B：对呀！你最近忙什么呢？
2.（用“比方说”“比如”）举例说明 To give examples (using “比方说” or “比如”)	① A：骑自行车确实不错。 B：还有很多好处呢。比方说，你用不着担心没地方停车。 ② A：北京的公共交通方便不方便？ B：方便啊！北京的公共交通有很多种，比如，公共汽车、电车、地铁等。
3.（用“再说”）表示追加理由来说明 To give more reasons (using “再说”)	① A：你为什么不喜欢坐出租车呢？ B：坐出租车不容易看清外面的风景。再说，路上的汽车越来越多，打车经常会遇到堵车。 ② A：我觉得还是坐地铁方便。 B：对呀！不会遇到堵车，再说，坐地铁还非常便宜。
4. 询问去向及回答 To ask where one is going and give the answer	① A：你周末想去什么地方玩儿？ B：我想和我们班的几个同学一起骑车去北海。 ② A：假期你打算去哪儿？ B：我想去外地旅游。
5. 邀请一起去做什么及回答 To invite sb. to join in sth. and give the answer	① A：你想不想跟我们一起去？ B：我当然想跟你们一起去。 ② A：晚上有空儿吗？我们在教室开个晚会。 B：有空儿，我很愿意参加你们的晚会。
6.（用“没问题”）表示同意或保证 To say yes or make a promise (using “没问题”)	① A：我们打算星期六早上八点在学校南门集合。怎么样？在那儿见面行吗？ B：没问题！ ② A：以后我们常联系啊。 B：没问题！我一定常给你打电话。

功能项目	例　句
7.（用“一言为定！”“不见不散！”）表示约定 To make an appointment (using “一言为定” or “不见不散”, etc.)	① A：周末跟我们一起出去玩儿玩儿吧。 B：好啊。一言为定，我跟你们一起去。 ② A：下午有空儿吗？咱们一起去图书馆。 B：我下午没事儿，咱们一起去。宿舍楼门口见，不见不散！

wǒ hái bú tài xí guàn chī zhōng guó cài

2 我还不太习惯吃中国菜

I'm still not used to Chinese food

课文 Text

（山下在留学生餐厅里吃饭，遇到马克）

shān xià　mǎ kè　zhèr yǒu zuò wèi　zuò zhèr ba　nǐ cháng zài zhè ge cān tīng
山　下：马克，这儿有座位，坐这儿吧。你常在这个餐厅

chī fàn ma
吃饭吗？

mǎ kè　kàn qíng kuàng máng de shí hou zài
马　克：看情况，忙的时候在

zhèr chī　zài zhèr chī
这儿吃。在这儿吃

fàn jì shěng shí jiān yòu bú tài
饭既省时间又不太

guì　shān xià　kàn yàng zi nǐ
贵。山下，看样子你

hěn xǐ huan chī là cài
很喜欢吃辣菜。

shān xià　bù　wǒ bù xǐ huan chī là de　nǐ méi kàn qīng　zhè ge cài yán sè hěn
山　下：不，我不喜欢吃辣的，你没看清，这个菜颜色很

hóng　dàn shì wèi dao bú là　lǐ bian fàng de shì xī hóng shì
红，但是味道不辣，里边放的是西红柿。

mǎ kè　ò　wǒ què shí shì méi kàn qīng　shān xià　nǐ yǐ jīng xí guàn chī zhōng
马　克：哦，我确实是没看清。山下，你已经习惯吃中

guó cài le ba
国菜了吧？

shān xià　shuō shí huà　suī rán lái zhōng guó yǐ jīng yí ge duō yuè le　kě wǒ
山　下：说实话，虽然来中国已经一个多月了，可我

duì zhōng guó cài hái shi bú tài xí guàn　nǐ zěn me yàng
对中国菜还是不太习惯。你怎么样？

mǎ kè wǒ zuì chū yě bú tài xí guàn chī de dōng xi bù róng yì xiāo huà dù
马 克：我最初也不太习惯，吃的东西不容易消化，肚

zi cháng cháng bù shū fu hòu lái màn màn xí guàn le zhè ge cān tīng de
子常常不舒服，后来慢慢习惯了。这个餐厅的

cài nǐ jué de zěn me yàng
菜你觉得怎么样？

shān xià zhè ge cān tīng de fàn cài hái kě yǐ bǐ jiào shì hé wǒ de kǒu wei
山 下：这个餐厅的饭菜还可以，比较适合我的口味。

mǎ kè duì wǒ yě zhè me jué de zhè ge cān tīng de fàn cài duō zhǒng duō yàng
马 克：对，我也这么觉得。这个餐厅的饭菜多种多样，

xiǎng chī shén me jiù chī shén me kě yǐ jīng cháng huàn bù tóng de cài chī
想吃什么就吃什么，可以经常换不同的菜吃。

nǐ xǐ huan chī shén me yàng de cài
你喜欢吃什么样的菜？

shān xià zhè li de hěn duō cài wǒ dōu xǐ huan chī bú guò wǒ hái shi bǐ jiào
山 下：这里的很多菜我都喜欢吃。不过，我还是比较

xǐ huan qīng dàn de cài wǒ jué de zhèr de cài yǒu diǎnr yóu nì
喜欢清淡的菜。我觉得这儿的菜有点儿油腻。

mǎ kè yīn wèi chǎo cài yào fàng hěn duō yóu yǒu xiē cài què shí bǐ jiào yóu nì
马 克：因为炒菜要放很多油，有些菜确实比较油腻。

bú guò zhè ge cān tīng yě yǒu bù shǎo qīng dàn de cài zhōng guó cài zuò
不过，这个餐厅也有不少清淡的菜。中国菜做

fǎ hěn duō gè gè dì fang fàn cài de fēng wèi yě dōu bù yí yàng
法很多，各个地方饭菜的风味也都不一样。

shān xià fēng wèi shì shén me yì si wǒ jué de zhōng guó de fàn cài dōu chà bu
山 下："风味"是什么意思？我觉得中国的饭菜都差不

duō ma bù tóng dì fang de fàn cài huì bù yí yàng ma
多嘛，不同地方的饭菜会不一样吗？

mǎ kè wǒ kàn nǐ hái shi bú tài liǎo jiě zhōng guó cài wǒ gěi nǐ jiè shào yí xià
马 克：我看你还是不太了解中国菜，我给你介绍一下

ba fēng wèi de yì si shi shì wù de dì fāng tè sè zài zhèr
吧。"风味"的意思是事物的地方特色，在这儿

shì zhǐ fàn cài de dì fāng tè sè zhōng guó cài yǒu gè zhǒng dì fāng fēng
是指饭菜的地方特色。中国菜有各种地方风

wèi rén men cháng shuō nán tián běi xián dōng là xī suān lìng wài
味，人们常说"南甜北咸，东辣西酸"。另外，

hái yǒu "sì dà cài xì" de shuō fa
还有"四大菜系"的说法。

shān xià: nà "sì dà cài xì" zhǐ de shì shén me?
山　下：那"四大菜系"指的是什么？

mǎ kè: "sì dà cài xì" bāo kuò sì chuān、shān dōng、jiāng sū、guǎng dōng sì ge dì fang de cài。tā men dōu yǒu zì jǐ de tè diǎn，bǐ jiào yǒu míng。chú le zhè xiē cài yǐ wài，zhōng guó hái yǒu xǔ duō dì fang de cài yě hěn hǎo chī。
马　克："四大菜系"包括四川、山东、江苏、广东四个地方的菜。它们都有自己的特点，比较有名。除了这些菜以外，中国还有许多地方的菜也很好吃。

shān xià: tīng nǐ zhè me yì shuō，wǒ hái zhēn děi duō chī diǎnr zhōng guó cài，zhè yàng cái néng jìn yí bù liǎo jiě tā。āi yā，bù hǎo yì si，wǒ guāng gù le shuō huà，dān wu nǐ chī fàn le。
山　下：听你这么一说，我还真得多吃点儿中国菜，这样才能进一步了解它。哎呀，不好意思，我光顾了说话，耽误你吃饭了。

mǎ kè: bú yào jǐn! bú guò zán men hái shi mǎ shàng chī ba，chǎo cài liáng le jiù bù hǎo chī le。
马　克：不要紧！不过咱们还是马上吃吧，炒菜凉了就不好吃了。

词语表 Vocabulary

1. 省　shěng　V　economize, save
   省时间/省钱/省地方

2. 看样子　kàn yàngzi　　it seems, it appears, it looks as if
   看样子要下雨。/看样子他没听懂。/看样子你有点儿累。

3. 辣　là　Adj　hot, spicy
   这个菜太辣了！/他喜欢吃辣的。/酸甜苦辣

4.	里边	lǐbian	N	inside, interior 教室里边/里边的风景不一样。/坐在里边
5.	西红柿	xīhóngshì	N	tomato 西红柿很好吃。/一斤西红柿/西红柿做的菜
6.	哦	ò	Int	*expressing realization and understanding* 哦，我明白了。/哦，我去过。/哦，他说了这话。
7.	实话	shíhuà	N	truth 说实话/一句实话/实话告诉你
8.	最初	zuìchū	N	initial, first 最初的希望/最初不太方便/最初的时候
9.	消化	xiāohuà	V	digest, absorb 很难消化/消化一下学习的东西/不能消化
10.	可以	kěyǐ	Adj	passable, pretty good, not bad 天气还可以/他汉语说得还可以。/可以呀，你会这么多生词！
11.	适合	shìhé	V	suit, fit 适合我的要求/适合他的口味/不适合那里的天气
12.	口味	kǒuwèi	N	one's taste or liking 口味清淡/适合你的口味/口味很特别
13.	样	yàng	M	kind, type 多种多样/一样喝的东西/两三样水果
14.	清淡	qīngdàn	Adj	light, not greasy or rich 清淡的菜/清淡的特色/清淡的口味
15.	油腻	yóunì	Adj	greasy, oily 菜很油腻/油腻的菜/特别油腻
16.	炒	chǎo	V	stir-fry, fry, sauté 炒菜/炒一个菜/鸡蛋炒西红柿

17.	做法	zuòfǎ	N	way of doing or making something
				菜的做法/一种特别的做法/好做法
18.	风味	fēngwèi	N	distinctive flavour, local colour
				风味独特/许多种风味/四川风味
19.	差不多	chàbuduō	Adj	about the same, similar, nearly, almost
				样子差不多/得到的结果差不多/这本书差不多有三百个生词。
20.	嘛	ma	MdPt	*used at the end of a sentence to show what precedes it is obvious, used within a sentence to mark a pause*
				对，应该这样做嘛！/别担心嘛！/好嘛，你骗了我！
21.	事物	shìwù	N	thing, object
				各种事物/美好的事物/事物的特色
22.	特色	tèsè	N	special feature, distinguishing characteristic
				特色不多/特色鲜明/很有特色
23.	指	zhǐ	V	refer to
				不是指你说的话/指的是别的/你指什么？
24.	咸	xián	Adj	salty, salted
				太咸了/再咸一点儿/有点儿咸
25.	菜系	càixì	N	cuisine, style of cooking, school of culinary art
				四大菜系/菜系的特色/有名的菜系
26.	说法	shuōfa	N	way of saying things, wording
				有很多的说法/这种说法/说法很特别
27.	包括	bāokuò	V	include, consist of, comprise
				包括许多内容/也包括这个方面/不包括
28.	特点	tèdiǎn	N	feature, characteristic
				主要特点/很有特点/快餐的特点就是快。

29.	进一步	jìnyíbù	Adv	go a step further, further 进一步学习/进一步去发现/有进一步的了解
30.	哎呀	āiyā	Int	*expressing surprise or amazement* 哎呀，迟到了！/哎呀，我忘了！/ 哎呀，风景这么漂亮！
31.	光	guāng	Adv	solely, only, merely, alone 光顾了说话/光学习了/光喝酒了
32.	顾	gù	V	attend to, take into consideration 只顾学习/没顾上写/光顾了聊天儿
33.	耽误	dānwu	V	delay, hold up, cause to miss 耽误你的时间了/迟到了会耽误上课/耽误了学习
34.	不要紧	bú yàojǐn		it's not serious, it doesn't matter, neve rmind 晚点儿不要紧/累一些不要紧/不要紧，我有空儿。
35.	凉	liáng	Adj	cool, cold 凉菜/有点儿凉/凉水

专有名词 Proper Nouns

1.	四川	Sìchuān	Sichuan, name of a province in the southwestern part of China
2.	山东	Shāndōng	Shandong, name of a province in the eastern part of China
3.	江苏	Jiāngsū	Jiangsu, name of a province in the southeastern part of China
4.	广东	Guǎngdōng	Guangdong, name of a province in the southern part of China

注释 Notes

1 看情况，忙的时候在这儿吃。

看情况：表示根据不同的情况采用不同的办法来对待，常用在答句中。例如：

看情况 (it depends)：It indicates that different methods will be adopted based on different situations. It is often used to reply to a question. For example,

① A：你们明天出去玩儿吗？
B：看情况，天气不好就不去了。
② A：你假期回国吗？
B：看情况吧，参加HSK考试的话，就不回国了。
③ A：先点这些菜吧。
B：行，看情况再决定加不加菜。

2 说实话，虽然来中国已经一个多月了，可我对中国菜还是不太习惯。

说实话：插入语，表示自己说的是真实的。一般用在本来不想说或不好说的话之前，常对信任的、关系亲近的人来说。也常说“实话说”、“老实说”、“说老实话”、“说实在的”等。例如：

说实话 (to tell the truth)：It serves as a parenthesis indicating that what one says is true. It is normally used before words that the speaker didn't want to tell or felt hard to tell, and is usually said to trustworthy and intimate people. Sometimes we also use “实话说”, “老实说”, “说老实话” and “说实在的”, etc. For example,

① A：这个菜你觉得怎么样？
B：说实话，这菜有点儿辣，我不太喜欢吃。
② A：你假期打算去什么地方玩儿？
B：说实话，我想参加HSK考试，就没打算去玩儿。
③ A：你已经习惯这里的天气了吧？
B：说实话，到现在还没有完全习惯呢。

3 我最初也不太习惯，……后来慢慢习惯了。

最初……后来……：“最初”表示最早的时候、开始的时候。“后来”表示过去一段时间以后的时间。“最初”和“后来”一起用的时候常常表示前后的情况发生了变化。例如：

最初……后来…… (at first... later...)：“最初” indicates the very first time and the initial time. “后来” means “after a certain period of time”. When they are used together in a sentence, they always mean that things have changed. For example,

① A：你都在哪儿学习过汉语？
B：最初是在我们国内，后来就来到中国了。

② A：你假期都去什么地方玩儿了？
B：我最初是想出去旅游，后来因为要参加HSK考试就没去。
③ A：你已经习惯这里的天气了吧？
B：不行。最初刚刚来的时候一点儿也不习惯，后来才慢慢有点儿习惯了，现在还不能说完全习惯。

4 这里的很多菜我都喜欢吃。不过，我还是比较喜欢清淡的菜。

不过： 表示一种比“但是”轻的转折，对前面的分句加以修改或补充。有时前面的分句用“虽然”、“尽管”等与“不过”相呼应。例如：

不过 (yet)： It is used as a disjunctive conjunction which is weaker than “但是” (but) in tone. It modifies or supplements the previous clause. Sometimes the previous clause uses “虽然” (although), “尽管” (though) and so on to match with “不过”. For example,

① A：你最近在中国汉语学习得怎么样？
B：我觉得最近学的几个语法很难，不过，我还是有了很大进步。
② A：你现在身体好吗？
B：还可以，不过，我还是应该多锻炼锻炼。
③ A：你已经习惯这里的天气了吧？
B：不行，还不能说完全习惯，不过比最初刚刚来的时候好多了。

5 “风味”是什么意思？

……是什么意思： 直接询问一个词语、一个句子或一段话的意思。回答的时候可以说“……的意思（就）是……。”例如：

……是什么意思 (what does it mean)： It is an expression used to ask directly the meaning of a word, a sentence or a paragraph. The reply could be “……的意思（就）是……” (the meaning of... is...). For example,

① A：“打车”是什么意思？
B：“打车”的意思就是坐出租车。
② A：“HSK”是什么意思？
B：“HSK”的意思是汉语水平考试。
③ A：“南甜北咸”是什么意思？
B：意思是中国南方口味比较甜，北方比较咸。

6 “四大菜系”包括四川、山东、江苏、广东四个地方的菜。

包括： 介绍一个大的事物里包含的各个部分，在“包括”后面列举出这些部分。例如：
包括 (include)： It introduces every part of a whole, and the parts are listed after “包括”. For example,

① A：北京的公共交通主要有哪些？
B：主要包括公共汽车、电车、地铁等。

② A：怎样才能更好地练习汉语呢？
　B：汉语练习主要包括听、说、读、写四个方面，可以选择这些方面的练习多做一做。

③ A：公共交通主要就是公共汽车嘛！
　B：不对，公共交通除了公共汽车，还包括地铁、飞机、轮船等很多种。

7 听你这么一说，我还真得多吃点儿中国菜。

听你这么一说：插入语，表示根据对方的话作出自己的判断或推论。例如：

听你这么一说 (according to what you have said): It is used as a parenthesis which manifests that the speaker makes his/her own judgement or inference based on the other party's words. For example,

① A：我最近学习太忙了，身体又不太好。
　B：听你这么一说，那你是不打算参加我们周末的晚会了？

② A：中国菜有"四大菜系"，每个地方还有自己的特色风味。
　B：听你这么一说，我才知道中国菜有这么多种风味。

③ A：第 8 题的答案不是 B，是 A。
　B：完了，听你这么一说，我这道题一定是答错了。

8 我还真得多吃点儿中国菜，这样才能进一步了解它。

这样才能：表示只有在做了前面讲的事情或达到前面讲的要求后，才会有一个后面的结果。常用在句子中后一个分句的开头。例如：

这样才能 (so that): It means that one achieves a certain result only when one has done the thing stated previously or met the requirement put forward before. It is often used at the beginning of the latter clause in a sentence. For example,

① A：你应该去中国各地走走，这样才能了解中国各个地方的文化。
　B：对，我以后一定多去旅游。

② A：你要多做练习，这样才能学好汉语。
　B：好，我一定多练习。

③ A：考试前要多作准备，这样才能考出好成绩。
　B：我知道，可是，都要做哪些准备呢？

9 我光顾了说话，耽误你吃饭了。

光顾：表示只注意做一件事情，没有注意到别的人或事情。可以用于表示抱歉，说明自己只注意了"光顾"之后所说的事情，没有注意对方或对方的事情。例如：

光顾 (be solely absorbed in): It means that a person has only paid attention to one thing and ignored other people or things. It can be used to make an apology for having only noticed the things said after "光顾" and neglected other people or their affairs. For example,

① A：哎呀，不好意思，我光顾说话，耽误你买东西了。
B：没关系，跟你聊天儿很有意思。
② A：对不起，我光顾做作业，忘了跟你见面的事。
B：没关系，不过你让我白去了一趟，你得请客。
③ A：他光顾照相，都没注意看风景。
B：就是，旅游主要可不是为了照相。

功能项目 Function Items

功能项目	例　句
1. 谈论喜欢 / 不喜欢的饭菜 To talk about the dishes you like/ dislike	① A：你喜欢吃辣的菜吗？ B：不，我不喜欢吃辣的。 ② A：你喜欢吃什么样的菜？ B：我比较喜欢清淡的菜。
2.（用“看样子……”）表示估计、推测 To make an estimation or inference (using “看样子……”)	① A：看样子你很喜欢吃辣菜。 B：不，我不喜欢吃辣的，你没看清，这个菜颜色很红，但是味道不辣，里边放的是西红柿。 ② A：看样子一会儿会下雨。 B：是呀，咱们还是早点儿往回走吧。
3. 说明习惯 To talk about habits	① A：你已经习惯吃中国菜了吧？ B：说实话，虽然来中国已经一个多月了，可我对中国菜还是不太习惯。 ② A：你现在已经习惯北京的天气了吗？ B：对，刚来北京的时候，我不太习惯，现在习惯了。
4.（用“我也这么觉得”）表示赞同 To agree with sb. (using “我也这么觉得”)	① A：这个餐厅的饭菜还可以，比较适合我的口味。 B：对，我也这么觉得。 ② A：跟中国朋友一起聊天儿可以帮助练习口语。 B：对，所以我们应该多交一些中国朋友。

功能项目	例　句
5. 表示歉意与应答 To make and reply to an apology	① A：不好意思，我光顾了说话，耽误你吃饭了。 B：不要紧！ ② A：实在不好意思，我今天不能跟你去书店了。 B：没什么，咱们以后再一起去。

3

qù shén me dì fang mǎi dōng xi hǎo

去什么地方买东西好

Where shall I go shopping

课文 Text

shān xià: ài, wǒ zhēn hòu huǐ! wǒ zuó tiān mǎi de yùn dòng fú dà xiǎo bú tài hé shì, jiān nà ge dì fang yǒu diǎnr jǐn. wǒ yīng gāi mǎi shāo wēi dà yì diǎnr de shàng yī.

山 下：唉，我真后悔！我昨天买的运动服大小不太合适，肩那个地方有点儿紧。我应该买稍微大一点儿的上衣。

mǎ kè: bié dān xīn! zài zhōng guó, mǎi de dōng xi bù hé shì huò yǒu máo bìng, rú guǒ mǎi de shí jiān bú tài cháng de huà, kě yǐ qù tuì huàn. nǐ zài nǎ ge shāng chǎng mǎi de?

马 克：别担心！在中国，买的东西不合适或有毛病，如果买的时间不太长的话，可以去退换。你在哪个商场买的？

shān xià: zài xué xiào dōng mén wài de bǎi huò shāng chǎng. nà shì yì jiā bǐ jiào dà de shāng chǎng, nàr mài de dōng xi zhì liàng bǐ jiào kě kào, pǐn zhǒng yě tǐng duō de. zài běi jīng qù shén me dì fang mǎi dōng xi hǎo ne?

山 下：在学校东门外的百货商场。那是一家比较大的商场，那儿卖的东西质量比较可靠，品种也挺多的。在北京去什么地方买东西好呢？

mǎ kè: dà shāng chǎng li zhì liàng kěn dìng hǎo, kě jià qián yě què shí bǐ jiào guì.

马 克：大商场里质量肯定好，可价钱也确实比较贵。

shān xià: nǎ xiē dà shāng chǎng bǐ jiào hǎo? nǐ néng bu néng gěi wǒ jiè shào jiè shào?

山 下：哪些大商场比较好？你能不能给我介绍介绍？

mǎ kè běi jīng yǒu hěn duō dà shāng chǎng bǐ fang
马 克：北京有很多大商场，比方

shuō zài xī dān wáng fǔ jǐng jiù yǒu hěn
说，在西单、王府井就有很

duō dà xíng bǎi huò shāng chǎng
多大型百货商场。

shān xià kàn lái nǐ hěn liǎo jiě běi jīng dà shāng
山 下：看来你很了解北京大商

chǎng de qíng kuàng nǐ cháng qù guàng shāng
场的情况。你常去逛商

chǎng ma
场吗？

mǎ kè yǐ qián yǒu shí péi péng you qù wǒ men biān liáo tiānr biān guàng shāng
马 克：以前有时陪朋友去，我们边聊天儿边逛商

chǎng jìn lái xué xí hěn máng hǎo jiǔ bú qù le yì bān lái shuō mǎi
场。近来学习很忙，好久不去了。一般来说，买

rì yòng pǐn hé shí wù qù chāo shì hé xiǎo diàn gèng fāng biàn
日用品和食物去超市和小店更方便。

shān xià shén me jiào zuò chāo shì
山 下：什么叫做"超市"？

mǎ kè chāo shì jiù shì chāo jí shì chǎng nàr chī de yòng de dōng xi hěn
马 克："超市"就是超级市场。那儿吃的、用的东西很

duō xiǎng mǎi shén me jiù mǎi shén me fēi cháng fāng biàn
多，想买什么就买什么，非常方便。

shān xià tīng nǐ zhè me yì shuō wǒ jiù míng bai le nà zán men xué xiào fù jìn
山 下：听你这么一说，我就明白了。那咱们学校附近

yǒu méi yǒu chāo shì
有没有超市？

mǎ kè yǒu a yǒu hǎo jǐ jiā dà xíng chāo shì ne xué xiào lǐ bian yě yǒu yí
马 克：有啊，有好几家大型超市呢。学校里边也有一

ge xiǎo chāo shì shāng pǐn suī rán méi yǒu dà chāo shì nà me fēng fù dàn
个小超市，商品虽然没有大超市那么丰富，但

lí sù shè jìn hěn fāng biàn hěn duō tóng xué xǐ huan qù nàr mǎi dōng
离宿舍近，很方便，很多同学喜欢去那儿买东

xi bù zhī dào nǐ zhù yì guo méi yǒu nǐ yǐ hòu yǒu kòngr kě yǐ
西，不知道你注意过没有。你以后有空儿可以

qù nàr qiáo qiao
去那儿瞧瞧。

shān xià ò wǒ zhī dao le yǐ qián wǒ lù guò nàr méi jìn qu xiàn zài
山 下：哦，我知道了！以前，我路过那儿没进去，现在

cái zhī dao nà jiù shì chāo shì wǒ shuō shén me yě děi qù kàn kan nǐ
才知道那就是超市。我说什么也得去看看。你

shuō de zhè xiē duì wǒ tài yǒu yòng le xiè xie nǐ
说的这些对我太有用了，谢谢你！

mǎ kè bié zhè me kè qi
马 克：别这么客气！

词语表 Vocabulary

1. 唉	ài	Int	*expressing sadness or regret*	唉，我真后悔！/唉，太难了！/唉，怎么做才好呢？
2. 后悔	hòuhuǐ	V	regret, remorse	真后悔/后悔的事情/不要后悔
3. 运动服	yùndòngfú	N	sportswear, gym suit	一件运动服/漂亮的运动服/名牌运动服
4. 肩	jiān	N	shoulder	左肩、右肩/肩有点儿疼/双肩都要用力
5. 紧	jǐn	Adj	tight, taut, firm, pressing	比较紧/抓紧了/时间紧，快走！
6. 稍微	shāowēi	Adv	a little, slightly	稍微有点儿累/稍微难了一些/稍微来晚了一点儿
7. 上衣	shàngyī	N	upper garment, jacket	一件上衣/上衣的尺寸/上衣的颜色
8. 毛病	máobìng	N	shortcoming, defect, trouble	有点儿毛病/毛病不大/自行车的毛病修好了

9.	的话	de huà	Pt	*used at the end of a conditional clause* 天气好的话/路远的话/太累的话
10.	退换	tuìhuàn	V	exchange or replace a purchase 退换商品/可以退换/不能退换
11.	百货商场	bǎihuò shāngchǎng		department store 一家百货商场/大型百货商场/在百货商场里
12.	质量	zhìliàng	N	quality 质量好/质量不好/工作质量
13.	可靠	kěkào	Adj	reliable, dependable, trustworthy 可靠的人/质量可靠/可靠的保证
14.	品种	pǐnzhǒng	N	variety 品种多/不同的品种/新品种
15.	肯定	kěndìng	Adv	certainly, undoubtedly, definitely 肯定不错/肯定能行/我肯定准时来。
16.	大型	dàxíng	Adj	large, large-scale, grand 大型活动/大型百货公司/大型轮船
17.	看来	kàn lái		it seems, it appears, it looks as if 你身体看来不错/看来要下雨/看来作业能做完
18.	逛	guàng	V	stroll, roam, saunter 逛商场/逛街/逛公园
19.	有时	yǒushí	Adv	sometimes, at times, now and then 有时去有时不去/有时冷有时热/有时好有时坏
20.	近来	jìnlái	N	recently, lately 近来学习很忙/近来有什么好看的电影？/她近来身体不太好。
21.	日用品	rìyòngpǐn	N	articles of everyday use 去商店买日用品/他带的都是日用品。
22.	食物	shíwù	N	food, edibles 新鲜食物/食物的卫生/很多种食物

23.	超市	chāoshì	N	supermarket 中型超市/连锁超市/附近的超市
24.	店	diàn	N	shop, store 礼品店/理发店/服装店
25.	叫做	jiàozuò	V	be called, be known as 什么叫做……？/这就叫做……/那个东西叫做……
26.	超级	chāojí	Adj	super 起级市场/起级明星/起级模特
27.	市场	shìchǎng	N	market 一家市场/大市场/服装市场
28.	瞧	qiáo	V	look, watch, see 瞧，要下雨了。/瞧，马克来了。/电视里有你，快瞧！
29.	路过	lùguò	V	pass by or through (a place) 路过你家/路过超市/路过门口
30.	有用	yǒu yòng		useful 很有用/不太有用/有用的办法

专有名词 Proper Nouns

1.	王府井	Wángfǔjǐng	Wangfujing, a famous street in Beijing
2.	西单	Xīdān	Xidan, a famous business district in Beijing

注释 Notes

1 我真后悔！

我真后悔： 错误的事情发生后，自己觉得很不应该那样，对自己很不满意的意思。例如：

我真后悔 (I'm so regretful)： It is a phrase used when something wrong has been done, and the speaker feels sorry to have done that and is very dissatisfied with his or her own deeds. For example,

① A：我真后悔！我昨天买的运动服大小不太合适。
B：别担心，你可以去退换。
② A：我真后悔！我应该去大商场买。
B：对，以后还是去大商场吧，那儿的东西质量比较可靠。
③ A：昨天晚上的足球比赛真没意思。
B：是呀，我真后悔去看了那场足球比赛！

2 我应该买稍微大一点儿的上衣。

稍微： 表示数量不多或程度不深，口语常用。后面常跟动词、动词短语或形容词、形容词短语。动词后面常有“一点儿”、“一些”、“一下”，形容词后面常有“一点儿”、“一些”。例如：

稍微 (a little)： It means that the amount is small or the degree is low. It is often used in spoken language, followed by a verb, verbal phrase, adjective or adjective phrase. The verbs are often followed by “一点儿”, “一些” or “一下”, and the adjectives by “一点儿” or “一些”. For example,

① A：李老师在吗？
B：你稍微等一下，他马上就回来。
② A：你早上稍微早一点儿起床，就不会迟到了。
B：我下次一定早点儿起床。
③ A：突然到了这个新环境，我稍微有点儿不习惯。
B：别担心，你很快就会习惯的。

3 如果买的时间不太长的话，可以去退换。

……的话： 表示假设，用在分句的后部，前边可以用连词“如果”、“假如”、“要是”等，也可以不用。例如：

……的话 (to indicate an assumption)： It is used at the end of a clause, with or without a conjunction such as “如果”, “假如” or “要是” before it. For example,

① A：在中国买东西可以退换吗？
B：如果是在大商场买的，而且时间不太长的话，可以退换。
② A：如果我买的多的话，可以便宜点儿吗？
B：对不起，我们这儿不打折。

③ A：周末你想做什么？
B：周末不下雨的话，我们想骑车出去玩儿。

4 你能不能给我介绍介绍？

介绍介绍：动词重叠，表示动作进行得时间短或程度轻。在这一句里“介绍介绍”表示介绍一下的意思。双音节动词重叠时，第一个音节重读，第三个次重，第二、四音节轻读。例如：

介绍介绍 (to introduce something briefly)： It is a reduplicated verb, which means that the action doesn't last long or happens in a casual way. In this sentence, “介绍介绍” means to introduce something briefly. When a disyllabic verb is reduplicated, the first syllable should be stressed, the third one should be less stressed, and the second and the fourth ones should not be stressed. For example,

① A：你能不能给我介绍介绍你们学校的情况？
B：当然可以。你想了解哪方面的情况？
② A：你介绍介绍北京的大型百货商场，好吗？
B：好啊，那我先介绍一下王府井的百货商场吧。
③ A：我不太了解这里的气候特点，你给我介绍介绍行吗？
B：行。这里气候的主要特点是干燥。

5 看来你很了解北京大商场的情况。

看来……：表示推论或估计的意思。在口语中比“看起来……”更常用。例如：

看来…… (it appears that...)： It indicates an inference or estimation. It is used more often than “看起来……” in spoken language. For example,

① A：看来你很了解北京的交通情况。
B：是呀，我在北京生活了很长时间。
② A：我好久没见你了，看来最近一段时间你学习很忙。
B：是呀，我最近学习确实很忙。
③ A：今天的天这么阴，看来会下雨。
B：对，还是带上把伞吧。

6 听你这么一说，我就明白了。

一……就……：表示动作发生以后就能够达到某种程度，或有某种结果。后面一句的动词常带结果补语、趋向补语或数量短语，动词常常可以省略。例如：

一……就…… (...as soon as...)： It means that a certain action will achieve some effect or come to a certain result once it takes place. The verb after “就” is often followed by a resultative complement, directional complement or numeral-classifier compound. The verb could often be left out. For example,

① A：听说那里常常下雨，一下雨就会下好几天。
B：那你最好别去那地方旅游了。

② A：我这么一听就知道是你的声音。
B：知道我来了，你还不来迎接我？
③ A：我们老师常常留很多作业，一留就是一大篇。
B：你们老师大概是希望你们学得更好。

7 商品虽然没有大超市那么丰富，但离宿舍近，很方便。

A 没有 B 那么/这么+Adj：“没有”在这里用于比较，表示不能比得上。常用在“A 没有 B 那么/这么＋Adj”的句型中。例如：

A 没有 B 那么/这么+Adj：“没有”is used here for comparison, meaning that something is no match for something else. It is often used in the structure“A 没有 B 那么/这么+Adj”. For example,

① A：这次会不会考得很难？我担心自己考不好。
B：这次考试没有上次考试那么难，你好好准备，一定能考好。
② A：我这件衣服好像有点儿不合适吧？
B：不会啊，这件衣服没有那件那么大，你穿着看上去不错。
③ A：我该走了，时候不早了。
B：你没那么着急吧，还早呢，吃了饭再走吧。

8 我说什么也得去看看。

说什么也得：表示不管出现什么情况也一定要做某事。例如：

说什么也得 (be sure to do sth. no matter what)：It means that one is determined to do something no matter what happens. For example,

① A：你这次来北京时间这么紧，还来看我。
B：虽然我这次到北京只待两天，但说什么也得来看看老师。
② A：你这件衣服好像有点儿不合适。
B：对呀，这件衣服确实不合适，我说什么也得去换了它。
③ A：我该走了。
B：你已经来到了我这儿，说什么也得吃了饭再走。

功能项目 Function Items

功能项目	例 句
1. 表示后悔 To show regret	① A：你好像不太高兴，怎么了？ B：唉，我真后悔！我昨天买的运动服大小不太合适。 ② A：这次去外地旅游怎么样？ B：很多照片我都没拍好，回来后觉得非常后悔。
2.（用“看来”）表示推论 To make an inference (using “看来”)	① A：看来你很了解北京大商场的情况。 B：对呀，北京许多大商场我都去过。 ② A：马克平时不迟到，今天怎么还没来呀？ B：他到现在还没来上课，看来路上一定是堵车了。
3.（用“以前……，近来/现在……”）表示情况的变化或对比 To show the change or compare the situations (using “以前……，近来/现在……”)	① A：你常去逛商场吗？ B：以前有时陪着朋友去，我们边聊天儿边逛商场。近来学习很忙，好久不去了。 ② A：你现在还经常锻炼身体吗？ B：以前经常锻炼，现在工作太忙，锻炼得少了一些。
4.（用“什么叫做……”“……就是……”）询问意思及回答 To ask the meaning of sth. and give the answer (using “什么叫做……” and “……就是……”)	① A：什么叫做“超市”呢？ B：“超市”就是超级市场。 ② A：什么叫做“铁公鸡”？ B：“铁公鸡”就是不愿意用自己的钱帮助别人的那种人。

4

wǒ xiǎng zū ge lí xué xiào bǐ jiào jìn de fáng zi

我想租个离学校比较近的房子

I want to rent an apartment near the campus

课文 Text

（山下想去租房子，想请马克帮忙。）

shān xià mǎ kè nǐ jīn tiān yǒu kòngr ma
山　下：马克，你今天有空儿吗？

mǎ kè yǒu kòngr nǐ yǒu shén me shì ma
马　克：有空儿。你有什么事吗？

shān xià wǒ xiǎng qù zū fáng zi kě shì xīn li méi dǐ zhè me fù zá de shì
山　下：我想去租房子，可是心里没底。这么复杂的事

qing wǒ dān xīn chǔ lǐ bù hǎo nǐ hàn yǔ shuō de hěn liú lì ér qiě
情，我担心处理不好。你汉语说得很流利，而且

yě hěn liǎo jiě zài zhōng guó zū fáng zi de qíng kuàng nǐ néng gēn wǒ qù yí
也很了解在中国租房子的情况，你能跟我去一

tàng ma
趟吗？

mǎ kè bù gǎn dāng duō xiè nǐ de kuā jiǎng qí shí nǐ hàn yǔ shuō de yě hěn
马　克：不敢当，多谢你的夸奖！其实，你汉语说得也很

bú cuò bú guò yào shi nǐ xū yào wǒ hěn yuàn yì bāng zhù nǐ nǐ
不错。不过，要是你需要，我很愿意帮助你。你

xiǎng zū shén me yàng de fáng zi
想租什么样的房子？

shān xià wǒ xiǎng zū ge lí xué xiào bǐ jiào
山　下：我想租个离学校比较

jìn de fáng zi shàng kè bǐ jiào fāng
近的房子，上课比较方

biàn fáng zū yě bié tài guì
便，房租也别太贵。

mǎ kè wǒ xiàn zài zū de fáng zi jiù hěn bú cuò fáng jiān tǐng dà de yǒu shí bā
马　克：我现在租的房子就很不错，房间挺大的，有18
píng mǐ bù guāng dì diǎn hǎo lí xué xiào jìn ér qiě fáng zū yě bú
平米。不光地点好，离学校近，而且房租也不
guì hái yǒu jiāo tōng yě tǐng fāng biàn de zhù zài nàr jì shěng qián yòu
贵。还有，交通也挺方便的。住在那儿既省钱又
shěng shí jiān hěn duō liú xué shēng dōu zài nàr zū le fáng zi jù shuō
省时间。很多留学生都在那儿租了房子。据说
nà ge lóu li hái yǒu hěn duō fáng jiān yào chū zū
那个楼里还有很多房间要出租。

shān xià zhēn de ma zū jīn shì duō shao yǒu méi yǒu shén me yōu huì
山　下：真的吗？租金是多少？有没有什么优惠？

mǎ kè wǒ zū de nà ge fáng zi yì tiān liù shí liù kuài rú guǒ yí cì fù bàn
马　克：我租的那个房子，一天 66 块。如果一次付半
nián fáng zū de huà yōu huì jià shì měi tiān liù shí wǔ kuài
年房租的话，优惠价是每天 65 块。

shān xià yǒu diǎnr guì nǐ méi gēn tā men kǎn kan jià ma
山　下：有点儿贵！你没跟他们砍砍价吗？

mǎ kè dāng rán kǎn jià la zhè yǐ jīng shì kǎn jià yǐ hòu de jià qián le qí
马　克：当然砍价啦！这已经是砍价以后的价钱了。其
shí bìng bú guì měi ge yuè dà gài zhǐ yào liǎng qiān kuài yīn wèi zhè ge
实并不贵，每个月大概只要 2000 块。因为这个
gōng yù quán bù zū gěi xué sheng suǒ yǐ zū jīn bǐ zhōu wéi de fáng zi dōu
公寓全部租给学生，所以租金比周围的房子都
pián yi
便宜。

shān xià nà nǐ men de wū zi lǐ mian dōu yǒu shén me fú wù zěn me yàng
山　下：那你们的屋子里面都有什么？服务怎么样？

mǎ kè wū zi li yǒu diàn shì kōng tiáo diàn bīng xiāng hé xǐ yī jī hái dài ge
马　克：屋子里有电视、空调、电冰箱和洗衣机，还带个
wèi shēng jiān lìng wài hái yǒu zhuān mén de rén dǎ sǎo fáng jiān měi xīng
卫生间。另外，还有专门的人打扫房间，每星
qī huàn yí cì chuáng dān fú wù tǐng hǎo de bú guò jiù shì méi yǒu
期换一次床单，服务挺好的。不过，就是没有
chú fáng zuò fàn bú tài fāng biàn
厨房，做饭不太方便。

shān xià　méi guān xi　wǒ gān cuì jiù zū ge xiàng nǐ zū de zhè yàng de ba　zū
山　下：没关系，我干脆就租个像你租的这样的吧。租
fáng zi xū yào bàn shén me shǒu xù ne
房子需要办什么手续呢？

mǎ kè　shuāng fāng yào xiān qiān dìng yí ge zū fáng hé tong　yì bān lái shuō shàng
马　克：双方要先签订一个租房合同，一般来说，上
mian yào xiě shang xìng míng　hù zhào hào mǎ　zū jīn hé zū qī　rán hòu
面要写上姓名、护照号码、租金和租期。然后，
nǐ hái yào jiāo zū jīn hé yā jīn
你还要交租金和押金。

shān xià　wǒ yǒu ge wèn tí　nǐ néng bu néng gěi wǒ shuō shuo shén me shì yā jīn
山　下：我有个问题，你能不能给我说说什么是押金？

mǎ kè　zhè ge wèn tí ma　bìng bù nán huí dá　yā jīn jiù shì zū fáng zi yǐ
马　克：这个问题嘛，并不难回答。押金就是租房子以
qián yīng jiāo gěi fáng dōng de qián　xiāng dāng yú yí ge yuè de zū jīn　nǐ
前应交给房东的钱，相当于一个月的租金，你
bù zū le de shí hou huì huán gěi nǐ
不租了的时候会还给你。

shān xià　ò　míng bai le　zán men kuài zǒu ba
山　下：哦，明白了，咱们快走吧。

词语表 Vocabulary

1.	租	zū	V	rent, lease 租房子/租汽车
2.	底	dǐ	N	heart of the matter, ins and outs 心里有底了/没底
3.	处理	chǔlǐ	V	handle, settle, dispose of 处理事情/处理得很好/难处理的问题
4.	流利	liúlì	Adj	fluent 他汉语说得很流利。/她能说流利的英语。

5.	不敢当	bù gǎndāng		(*used in response to compliments*) I don't deserve it, you flatter me
			不敢当，我的汉语不好。/不敢当，我也没帮多少忙。/不敢当，我的酒量不大。	
6.	夸奖	kuājiǎng	V	praise, commend
			多谢你们夸奖/夸奖学生/夸奖孩子	
7.	愿意	yuànyì	OpV	be willing, be ready
			妈妈不愿意孩子一个人去那么远的地方。/我很愿意帮助你。	
8.	房租	fángzū	N	rent (for a house, flat, etc.)
			房租太贵了/交房租/半年房租	
9.	不光	bùguāng	Conj	not only
			不光地点好，而且房租也不贵。	
10.	地点	dìdiǎn	N	place, site
			集合地点/地点很重要/准确的地点	
11.	据说	jùshuō	V	it is said
			据说不太远/据说那里很冷/据说有点儿贵	
12.	出租	chūzū	V	hire, let, rent out
			有房屋出租/出租房子/出租手续	
13.	租金	zūjīn	N	rent, rental
			租金很贵/房子的租金/付租金	
14.	优惠	yōuhuì	Adj	preferential, favourable
			很优惠/优惠价/优惠的条件	
15.	付	fù	V	pay
			付房租/付钱	
16.	价	jià	N	price
			什么价/优惠价/砍价	
17.	砍价	kǎn jià	V//O	bargain over prices
			他很会砍价/砍一砍价/砍不了价	

18.	全部	quánbù	N	all, whole, complete, total 全部内容/全部课程/全部留学生
19.	周围	zhōuwéi	N	surrounding, around 房子周围/周围地区
20.	服务	fúwù	V	serve, give or render service to 服务非常好/洗衣服务/服务设施
21.	电冰箱	diànbīngxiāng	N	refrigerator, fridge, freezer 放在电冰箱里/一台电冰箱/买电冰箱
22.	洗衣机	xǐyījī	N	washing machine, washer 一台洗衣机/用洗衣机洗/省电的洗衣机
23.	另外	lìngwài	Conj	besides, moreover 这件事我已经电话告诉他了，另外，我还给他发了一封详细的电子邮件。
24.	专门	zhuānmén	Adj/Adv	specialized; specially 专门的人/他是专门研究汉字的。/我是专门来看你的。
25.	打扫	dǎsǎo	V	clean, sweep 打扫教室/打扫街道/打扫得很干净
26.	床单	chuángdān	N	bed sheet 换床单/一床床单/干净的床单
27.	干脆	gāncuì	Adv	simply, just, unreservedly 干脆说不行/干脆就这么定了/干脆不去了
28.	手续	shǒuxù	N	procedure, formalities 办手续/报名手续/手续很简单
29.	双方	shuāngfāng	N	both sides, both parties involved 甲乙双方/男女双方/双方签订合同
30.	签订	qiāndìng	V	conclude and sign (an agreement, etc.) 签订合同/签订条约/签订协议

31.	合同	hétong	N	contract 签订合同/两份合同/租房合同
32.	姓名	xìngmíng	N	surname and given name, full name 你的姓名/中文姓名/写上姓名
33.	期	qī	N	term, period of time, scheduled time 期中/租期/到期
34.	押金	yājīn	N	deposit, cash pledge 房子的押金/押金不够/交押金
35.	应	yīng	OpV	should, ought to 应付的钱/应交的费用/应学的内容
36.	房东	fángdōng	N	owner and lessor of a house or room 他是我的房东。/房东人很好。/跟房东签订合同。
37.	相当于	xiāngdāng yú		amount to, be equivalent to 相当于半年的工资/相当于大学毕业生的水平
38.	还	huán	V	return, give back 还钱/还书/还给你

注释 Notes

1 我想去租房子，可是心里没底。

心里没底：表示对情况了解得不太充分，对事情的结果没有把握。更强调的表达还可以说“心里一点儿底都/也没有”。如果对情况了解得很充分，对事情能够成功有把握，可以说“心里有底”。例如：

心里没底 (be not sure)：It means that one doesn't know the situation very well and is uncertain about the result of an event. A more emphasized form is “心里一点儿底都/也没有”. If you know the situation very well and are confident of a successful result, you may say “心里有底”. For example,

① A：这次考试能不能通过，我实在心里没底。
　B：别担心，你的汉语很不错，一定没问题。

② A：他们是不是真的让我去工作，我心里一点儿底都/也没有。
B：你如果着急，可以问问他们。
③ A：听你的意思，这件事情他已经心里有底了。
B：所以我现在才一点儿也不着急。

2 不敢当，多谢你的夸奖！

不敢当：表示谦虚、礼让的插入语。表示不能承受对方的夸奖、感谢等等。有时也可以用在开玩笑或讽刺对方上。例如：

不敢当 (I' m flattered/I don' t deserve it)：It is a parenthesis that expresses modesty and courtesy. The expression means that the speaker couldn' t accept the compliments or thanks, etc. Sometimes it can also be used to play a joke on others or to mock the other party. For example,

① A：你的汉语说得很不错。
B：不敢当，我的汉语还不太好。
② A：听说你的足球踢得很好。
B：不敢当，只是随便玩儿玩儿。
③ A：你这次考试考得很不错。
B：不敢当，不敢当。

3 其实，你汉语说得也很不错。

其实：表明说的情况是真的。“其实”后面的话是对前面的话的补充或修正。例如：

其实 (as a matter of fact)：It is used to state that the said situation is true. The words after “其实” supplement or correct the former words. For example,

① A：你住在那儿离学校是不是太远了？
B：住在那里交通很方便，其实离学校并不远。
② A：我觉得学习汉语太难了！
B：学习汉语其实并不难，只要你多练习。
③ A：你住在那儿，来上课会不会迟到？
B：那里虽然远，但只要不堵车，其实挺快就能到。

4 不光地点好，离学校近，而且房租也不贵。

不光……而且……：“不光”表示除了所说的意思之外，还有更进一层的意义。常与“而且”、“还”、“也”等搭配使用。例如：

不光……而且…… (not only...but also...)：“不光” means that besides the meaning that is conveyed, there is still a further meaning. When used, it is often collocated with “而且”, “还”, “也” and so on. For example,

① A：你去的这个餐厅怎么样？
B：不光菜做得不错，还有好听的音乐呢。

② A：听说你们去玩儿的那个地方很不错。
B：是呀，不光景色很漂亮，而且住宿、交通也都很方便。
③ A：你们现在都学什么？
B：不光学汉语，也学很多其他的课，比方说，有关中国文化的课。

5 据说那个楼里还有很多房间要出租。

据说……：表示根据别人说的意思，用来述说从别人那里听到的话或事情。例如：

据说…… (it is said that...)：It is used by the speaker to state those words or things that were heard from others. For example,

① A：王府井百货大楼怎么样？
B：据说那是北京最有名的百货商场，那儿的商品质量比较好，品种也挺多的。
② A：北京什么地方百货商场比较多？
B：据说西单、王府井地区百货商场比较多。
③ A：据说在中国买东西可以砍价。
B：对，有时候买东西别忘了砍价。

6 没关系，我干脆就租个像你租的这样的吧。

没关系：意思是某种事情或某个问题不会产生很大的影响，不会形成大的阻碍。可以用于表示不在乎某事的发生或表示谅解、劝慰别人。例如：

没关系 (it doesn't matter)：It means that a certain matter or problem will not cause great influence or obstacles. It can be used when you don't care about the happening of something or to show your understanding for others or to soothe them. For example,

① A：对不起，这次没能帮上你的忙。
B：没关系，你别这么客气。
② A：这次考试我没考好，不知道还能学得好吗？
B：一次考试没考好没关系，以后努力一定能学好！
③ A：不好意思，给你带来这么多麻烦。
B：没关系，这是我应该做的。

7 双方要先签订一个租房合同，……。然后，你还要交租金和押金。

先……，然后……：说明做事的前后顺序或事情发生的前后顺序。例如:

先……，然后…… (first..., then...)：It illustrates the sequence of actions or events. For example,

① A：你要先了解一下房子的情况，然后再决定租不租。
B：好，我明天就去看看房子。

② A：明天我们先去故宫，然后去北海公园。
　B：行，听你的。
③ A：今天咱们都上什么课？
　B：今天先上口语课，然后再上读写课。

8 押金就是租房子以前应交给房东的钱，相当于一个月的租金。

相当于：用来表示对比的两个方面的情况基本一致。例如：

相当于 (be equivalent to): It is used to show the two aspects in comparison are basically equivalent to each other. For example,

① A：这个公园有多大？
　B：这个公园的大小相当于六个足球场。
② A：你买这套房子花了多少钱？
　B：买这套房子，花了相当于我十年工资的钱。
③ A：从这里到王府井大概有多远？
　B：从这里到王府井，相当于从北海公园到天安门那么远。

功能项目 Function Items

功能项目	例　句
1.（用"不敢当"）表示谦虚 To show modesty (using "不敢当")	① A：你的汉语说得很流利。 　B：不敢当，多谢你的夸奖！ ② A：听说你足球踢得很好。 　B：不敢当，我足球踢得不如你好。
2.（用"能……吗""能不能"）进行商量 To consult with sb. about sth. (using "能……吗" or "能不能")	① A：今天下午你能跟我去一趟吗？ 　B：没问题，今天下午我有空儿，可以陪你去。 ② A：你能不能给我说说什么是押金？ 　B：这个问题嘛，并不难回答，押金就是……

功能项目	例 句
3. 描述情况或做法 To describe a situation or behavior	① A：好像很多留学生在你家附近租了房子，我也想出去住，不知道你们那里还有没有房间要出租。 B：据说那个楼里还有很多房间要出租。 ② A：那个商场怎么样？ B：据说那是家大商场，那儿的商品不但质量好，而且品种也挺多的。
4.（用“据说”）转述从其他途径得到的情况或消息 To relate the information or news as told by others (using “据说”)	① A：你租的那个房子怎么样？ B：不光地点好，离学校近，而且房租也不贵。还有，交通也挺方便的。 ② A：你们的屋子里面都有什么？ B：屋子里有电视、空调、电冰箱和洗衣机，还带个卫生间。 ③ A：租房合同上一般要写什么？ B：一般来说，上面要写上姓名、护照号码、租金和租期。
5.（用“因为”）说明原因 To give a reason (using “因为”)	① A：为什么你的租金能有优惠呢？ B：因为我是租半年的时间，一次付半年的房租，所以租金有优惠。 ② A：为什么这个公寓的租金比较便宜？ B：因为这个公寓全部租给学生，所以租金比周围的房子都便宜。
6.（用“没关系”）表示谅解或劝慰 To accept an apology or comfort sb. (using “没关系”)	① A：对不起，没能帮上你的忙。 B：没关系，你已经尽力了，非常感谢。 ② A：我这次考试考得不好。 B：没关系，你再努努力，下次一定能考好。
7. 表示突然明白了 To show a sudden realization	① A：哦，我明白了。 B：对呀，其实这个问题不难弄明白。 ② A：现在我明白你为什么来晚了，原来路上堵车了。 B：我可从来不迟到，你应该想到可能是堵车了。

5

wǒ dǎ suàn zhōu mò qù kàn diàn yǐng

我打算周末去看电影

I'd like to go to the cinema this weekend

课文 Text

shān xià xué le yí ge xīng qī de hàn yǔ jīn tiān zhōng yú dào zhōu mò le kě
山　下：学了一个星期的汉语，今天终于到周末了。可

wǒ xiǎng le bàn tiān shí zài xiǎng bu chū lái gāi gàn diǎnr shén me hǎo
我想了半天，实在想不出来该干点儿什么好。

mǎ kè zhōu mò yào dào le duō me ràng rén xīng fèn a nǐ bù xǐ huan guò zhōu
马　克：周末要到了，多么让人兴奋啊！你不喜欢过周

mò ma kě zuò de shì qing hěn duō a bú lùn shì dǎ qiú tīng gē
末吗？可做的事情很多啊！不论是打球、听歌

hái shi guàng shāng diàn hé péng you yí kuàir qù hē jiǔ dōu néng ràng
还是逛商店、和朋友一块儿去喝酒，都能让

rén guò de hěn kāi xīn
人过得很开心。

shān xià nà zhè ge zhōu mò nǐ dǎ suàn qù hē jiǔ ma
山　下：那这个周末你打算去喝酒吗？

mǎ kè bù wǒ dǎ suàn qù kàn diàn yǐng kāi xué zhè duàn shí jiān yì zhí máng xué
马　克：不，我打算去看电影。开学这段时间一直忙学

xí lái zhe wǒ hǎo cháng shí jiān dōu méi kàn diàn yǐng le
习来着，我好长时间都没看电影了。

shān xià nǐ xǐ huan kàn zhōng guó diàn yǐng hái shi wài guó diàn yǐng
山　下：你喜欢看中国电影还是外国电影？

mǎ kè zhōng guó de wài guó de gè zhǒng diàn yǐng wǒ dōu xǐ huan kàn bú guò
马　克：中国的、外国的，各种电影我都喜欢看。不过，

xiàn zài xué xí hàn yǔ wǒ zhǔ yào kàn zhōng guó diàn yǐng kàn zhōng guó diàn
现在学习汉语，我主要看中国电影。看中国电

yǐng jì néng liǎo jiě zhōng guó de qíng kuàng yòu néng liàn xí tīng hàn yǔ yì
影既能了解中国的情况，又能练习听汉语，一

jǔ liǎng dé
举两得。

shān xià wǒ yě hěn xǐ huan kàn zhōng guó diàn
山 下：我也很喜欢看中国电

yǐng lái zhōng guó liú xué yǐ qián
影。来中国留学以前，

wǒ kàn guo bù shǎo zhōng guó diàn
我看过不少中国电

yǐng qí zhōng wǒ zuì xǐ huan zhāng
影，其中，我最喜欢张

yì móu de diàn yǐng zhāng yì móu shì
艺谋的电影。张艺谋是

hěn yǒu míng de dǎo yǎn tā de yǒu
很有名的导演，他的有

xiē yǐng piàn zài guó jì diàn yǐng jié shang hái dé guo jiǎng bú guò tā diàn
些影片在国际电影节上还得过奖。不过，他电

yǐng li de duì huà wǎng wǎng bù róng yì tīng dǒng
影里的对话往往不容易听懂。

mǎ kè tā nǎ bù diàn yǐng li de duì huà bù róng yì tīng dǒng
马 克：他哪部电影里的对话不容易听懂？

shān xià bié de bù shuō jiù shuō tā yǐ qián pāi de yīng xióng ba lǐ mian yǒu
山 下：别的不说，就说他以前拍的《英雄》吧，里面有

xiē huà wǒ jiù méi tīng dǒng yě xǔ shì yīn wèi wǒ de hàn yǔ zhǐ yǒu chū
些话我就没听懂。也许是因为我的汉语只有初

jí shuǐ píng
级水平。

mǎ kè nǐ méi tīng chū lái ma nà ge diàn yǐng li de yǒu xiē huà shì gǔ hàn
马 克：你没听出来吗？那个电影里的有些话是古汉

yǔ suǒ yǐ hěn nán yí xià zi dōu tīng dǒng yǐ hòu nǐ hàn yǔ xué duō
语，所以很难一下子都听懂。以后你汉语学多

le jiù huì zhú jiàn tīng dǒng de
了，就会逐渐听懂的。

shān xià suī rán lǐ mian yǒu hěn duō huà tīng bu dǒng dàn wǒ hái shi tǐng xǐ huan
山 下：虽然里面有很多话听不懂，但我还是挺喜欢

kàn mǎ kè nǐ xǐ huan shén me yàng de zhōng guó diàn yǐng ne
看。马克，你喜欢什么样的中国电影呢？

mǎ kè wǒ tè bié xǐ huan kàn wǔ dǎ piàn hé dòng
马　克：我特别喜欢看武打片和动
zuò piàn zuì xǐ huan de jiù shì chéng lóng yǎn
作片，最喜欢的就是成龙演
de gōng fu piàn chéng lóng shì hěn yǒu míng de
的功夫片。成龙是很有名的
yǎn yuán hēi tā yǎn de diàn yǐng yǒu yì
演员。嘿，他演的电影有意
si de bù dé liǎo wǒ lái zhōng guó běn lái
思得不得了！我来中国本来
xiǎng qù xué gōng fu kě wǒ bà ba ràng wǒ
想去学功夫，可我爸爸让我
xiān xué hàn yǔ
先学汉语。

shān xià wǒ hái zhēn méi kàn chū lái guài bu de nǐ zhè me xǐ huan kàn wǔ dǎ piàn
山　下：我还真没看出来！怪不得你这么喜欢看武打片
ne xiàn zài lái dào zhōng guó kàn wǔ dǎ piàn jiù gèng fāng biàn le nǐ kě
呢。现在来到中国，看武打片就更方便了。你可
yào zhuā jǐn jī huì duō kàn xiē xīn pāi de wǔ dǎ piàn
要抓紧机会，多看些新拍的武打片。

mǎ kè zuì jìn diàn yǐng yuàn zhèng zài yǎn chéng lóng de xīn diàn yǐng diàn yǐng yuàn lí
马　克：最近电影院正在演成龙的新电影。电影院离
wǒ men xué xiào bù yuǎn jiù zài xué xiào de zhèng nán mian nǐ zhōu mò yǒu
我们学校不远，就在学校的正南面。你周末有
kòngr yě kě yǐ qù kàn kan
空儿也可以去看看。

shān xià hǎo tīng nǐ de wǒ zhōu mò yí dìng qù kàn
山　下：好，听你的，我周末一定去看。

词语表 Vocabulary

1.	终于	zhōngyú	Adv	at last, finally 终于到周末了。/她的病终于好了。/终于考完试了。
2.	半天	bàntiān	N	long time, quite a while 等了半天/说了半天/忙了半天
3.	多么	duōme	Adv	(*used in exclamations to indicate high degree*) how, what 多么不容易/多么令人高兴/多么漂亮的风景
4.	兴奋	xīngfèn	Adj	excited 太兴奋了/让人兴奋的事/兴奋的样子
5.	不论	búlùn	Conj	no matter (what, who, how, etc.), regardless of, whether…or… 不论天气怎么样，我一定要去。/不论是谁都要遵守法律。/不论结果怎样，我都要试一试。
6.	开心	kāixīn	Adj	happy, glad 开心点儿/很开心/开心地笑了
7.	来着	láizhe	Pt	*used at the end of a sentence, usually toindicate what happened or existed in the past* 我刚才看见他来着。/去年他在中国学汉语来着。/中午我们还一起吃饭来着。
8.	一举两得	yì jǔ liǎng dé		kill two birds with one stone 一举两得的事/最好能一举两得/既能学汉语又能了解中国文化，真是一举两得。
9.	留学	liú xué	V//O	study abroad 留学一年/在中国留学/去留学

10.	不少	bù shǎo		not a few, many 不少地方/不少汉字/不少朋友
11.	其中	qízhōng	N	among (which, them, etc.) 他们班一共十个人，其中两个是美国人。
12.	有名	yǒumíng	Adj	well-known, famous, celebrated 有名的演员/那个作家很有名/那个导演还不太有名
13.	导演	dǎoyǎn	N/V	director; direct (a movie, play, etc.) 一位导演/著名导演/这是他导演的电影。
14.	影片	yǐngpiàn	N	film, movie 这部影片/有名的影片/影片已经上演了
15.	国际	guójì	N	international, world 国际上/国际名牌/国际比赛
16.	奖	jiǎng	N	award, prize, reward 得奖/金奖/获奖影片
17.	对话	duìhuà	N	dialogue, conversation 一段对话/电影里的对话/对话说得太快
18.	部	bù	M	*used for books, movies, machines and vehicles, etc.* 好几部影片/一部作品/两部电话
19.	初级	chūjí	Adj	elementary, primary 初级水平/初级汉语/初级阶段
20.	古	gǔ	Adj	ancient, age-old 古汉语/古城/古画
21.	逐渐	zhújiàn	Adv	gradually 逐渐提高/逐渐了解情况/逐渐适应
22.	武打片	wǔdǎpiàn	N	acrobatic fighting movie, kung fu movie 那部武打片/喜欢武打片/演武打片
23.	动作片	dòngzuòpiàn	N	action movie 一部动作片/不喜欢动作片/演动作片

24.	功夫片	gōngfupiàn	N	kung fu movie 成龙演的功夫片/一部功夫片/ 我最喜欢看功夫片。
25.	演员	yǎnyuán	N	actor or actress 一位演员/重要的演员/电影演员
26.	演	yǎn	V	perform, play, act 演电影/那个电影是他演的。
27.	嘿	hēi	Int	(*used to show pride or satisfaction, to express surprise, or to call attention*) hey 嘿，我通过了考试!/嘿，下雪了!/ 嘿，咱们早点儿走吧!
28.	本来	běnlái	Adv	originally, at first 我本来不知道这件事。/他本来很瘦。
29.	功夫	gōngfu	N	kung fu, martialarts 有功夫/练功夫/中国功夫
30.	怪不得	guàibude	Adv	no wonder, so that's why 怪不得你今天没来/怪不得你这么生气/ 怪不得你没听清楚
31.	抓紧	zhuājǐn	V	keep a firm grasp on, pay close attention to, lose no time in doing sth. 抓紧时间/抓紧机会/抓紧准备
32.	电影院	diànyǐngyuàn	N	cinema, movie theater 去电影院/一家电影院/在电影院里
33.	正	zhèng	Adj	straight, upright, situated in the middle, main 正前方/正南面
34.	南面	nánmian	N	south 南面的大门/学校南面/房子的南面

专有名词 Proper Nouns

1.	张艺谋	Zhāng Yìmóu	Zhang Yimou, a famous Chinese movie director
2.	《英雄》	《Yīngxióng》	*Hero*, a famous movie directed by Zhang Yimou
3.	成龙	Chéng Lóng	Jackie Chan, a famous Chinese kung fu actor

注释 Notes

1 不论是打球、听歌还是逛商店、和朋友一块儿去喝酒，都能让人过得很开心。

不论……还是……，都……： 表示在任何条件下结论或结果不会改变。“不论……还是……”分别列出不同的条件或情况，“都……”表示结论或结果是一样的，不会改变。例如：

不论……还是……，都…… (both/all are...)： It means given any condition, the conclusion or result will not change. “不论…… 还是……” lists different conditions, while “都……” means the conclusion or result will not change. For example,

① A：他总说她做的饭好吃。
　B：对，只要是她做的饭，不论好吃的还是不好吃的，他都说喜欢吃。

② A：世界上好像有很多人都喜欢看成龙的电影。
　B：成龙演的电影，不论中国人还是外国人，都喜欢看。

③ A：不论去百货商场买东西，还是去超市买东西，只要东西质量好，价钱贵点儿、人多点儿我都可以接受。
　B：我觉得质量当然重要，但是价钱也不能太贵了。

2 开学这段时间一直忙学习来着，我好长时间都没看电影了。

……来着： 表示曾经发生过什么事情。句子中的动词不能带“了”、“过”。常用于口语。例如：

……来着 (to indicate what happened in the past)： It is used at the end of a sentence. The verb in the sentence cannot be followed by “了” or “过”. The expression is usually used in spoken language. For example,

① A：你最近忙什么来着？怎么老是见不到你？
　B：我要参加HSK考试，最近一直在宿舍复习呢。

② A：上个星期你是不是去百货商场来着？我好像看到你了。
　B：对呀！上个星期我陪朋友去过百货商场。

③ A：你好像又换新手机了。
　B：是，我本来想多用些时间来着，可是上周不小心丢了。

3 你喜欢看中国电影还是外国电影？

A 还是 B：用来表示选择，常常用在问句中。例如：

A 还是 B (A or B)：It indicates a choice between A and B. It is usually used in questions. For example,

① A：你喜欢吃中餐还是西餐？
　B：我都喜欢吃。
② A：你想坐什么去呢？
　B：坐火车去还是坐飞机去，现在我还不能决定。
③ A：你觉得去百货商场买东西好还是去超市好？
　B：这个我也说不好。

4 看中国电影既能了解中国的情况，又能练习听汉语，一举两得。

一举两得：成语，表示只做一件事情可以得到两个好的结果的意思。例如：

一举两得 (to kill two birds with one stone)：It is an idiom meaning to get two achievements by doing one thing. For example,

① A：你好像去过中国很多地方旅游。
　B：对，去中国各地旅游既能了解中国的情况，又能练习说汉语，一举两得。
② A：找中国的大学生辅导，既能学好汉语，又能交中国朋友。
　B：看来这真是个一举两得的好事。
③ A：我有两张电影票，可不知道电影院在哪儿。听说你也喜欢成龙的电影，咱们一起去吧。
　B：一举两得的好事儿我当然愿意帮助你，没问题！

5 来中国留学以前，我看过不少中国电影，其中，我最喜欢张艺谋的电影。

其中：表示那里面的意思，指处所、范围。这个词只能单用，不能加在名词的后头。例如：

其中 (among)：It means "in it" or "within", and refers to location or scope. It can only be used independently and cannot directly follow a noun. For example,

① A：你们班有多少同学？
　B：我们班有十六位同学，其中五位是从日本来的。
② A：学习汉语有什么好方法？
　B：学习汉语最好的方法就是多练习，其中，听和说的练习最重要了。
③ A：你喜欢什么运动？
　B：各种运动我都喜欢，其中最喜欢足球。

6 我来中国本来想去学功夫，可我爸爸让我先学汉语。

本来：表示原先、先前的意思。可以用在主语之后，也可以用在主语之前。例如：

本来 (originally)：It means formerly and previously. It can be used either before or behind the subject. For example,

① A：你现在好像不住在校内了吧？
B：我本来住在学校里边，后来为了方便住到校外去了。
② A：这条路好像变宽了。
B：对，本来这条路比较窄，是最近才加宽的。
③ A：我本来觉得学习汉语挺难的，可学了以后觉得还可以。
B：学习汉语其实并不难。

7 我还真没看出来！

还真没看出来：表示发现了过去没有注意到的事情。可以表示称赞或吃惊，也可以表示怀疑或讽刺。例如：

还真没看出来 (had not seen/found/known)：It means one has found something he/she didn't notice in the past. It can express appreciation, surprise, suspect or satire. For example,

① A：我还真没看出来，这次考试你能考得这么好。
B：哪里，这次考试不太难。
② A：还真没看出来，你还会做中国菜，我还以为你只会吃中国菜呢。
B：没看出来吧，我专门学过做中国菜。
③ A：你真的会功夫吗？我还真没看出来。
B：当然了，我来中国就是为了学中国功夫的。

8 怪不得你这么喜欢看武打片呢。

怪不得：表示知道了事情的原因，不再对这件事情感到奇怪。口语中常用。例如：

怪不得 (no wonder)：It means one has found the reason for something, and is no longer surprised at it. Usually it is used in spoken language. For example,

① A：怪不得最近在游泳池看不到你了，原来你在准备HSK考试。
B：对呀，马上就要考试了。
② A：怪不得现在这条路好走了，因为最近加宽了。
B：路宽了以后，堵车的情况少多了。
③ A：怪不得天气这么闷热，原来已经进入了梅雨（méiyǔ）季节。
B：对，这个季节的天气就是这样。

功能项目 Function Items

功能项目	例　句
1.（用“多么”）表示感慨 To make an exclamation (using “多么”)	① A：周末要到了，多么让人兴奋啊！ B：是啊，真希望每天都是周末。 ② A：考试要考得很好多么不容易呀！ B：对呀，得很认真地准备才行。
2.（用“……的，……的”）表示列举 To enumerate items (using the structure “……的，……的”)	① A：你喜欢看中国电影还是外国电影？ B：中国的、外国的，各种电影我都喜欢看。 ② A：你能吃辣的菜吗？ B：没问题，辣的、不辣的，我都能吃。
3. 表示喜欢 To talk about what you like	① A：你喜欢谁导演的电影？ B：我比较喜欢张艺谋导演的电影。 ② A：你最喜欢看什么电影？ B：我最喜欢成龙演的功夫片。 ③ A：你好像很喜欢看武打片。 B：虽然有许多对话听不懂，但我还是挺喜欢看，因为我特别喜欢中国功夫。
4. 表示猜测 To have a guess	① A：他们说得太快了，所以你听不懂。 B：也许是因为我的汉语只有初级水平。 ② A：今天阴天，也许会下雨。 B：对，还是带上雨伞比较好。
5. 表示建议 To give advice	① A：最近电影院正在演成龙的新电影，电影院离我们学校不远，你周末有空儿可以去看看。 B：好，我一定去看。 ② A：张艺谋导演的电影很有意思，咱们周末去看看怎么样？ B：我也很喜欢张艺谋导演的电影，咱们一起去。
6. 表示服从 To show obedience	① A：这个周末要演成龙的新电影。 B：谢谢你告诉我，我周末一定去看。 ② A：咱们先去吃饭，然后去唱卡拉OK。 B：听你的，就这么办。

6

nǐ xiǎng qù shén me dì fang lǚ yóu ne

你想去什么地方旅游呢

Where do you want to travel

课文 Text

shān xià mǎ kè shí yuè yī hào hěn kuài jiù yào dào le zán men yě hé zhōng guó
山　下：马克，十月一号很快就要到了。咱们也和中国

rén yí yàng kě yǐ jí zhōng xiū xi qī tiān zhè ge jià qī nǐ dǎ suàn
人一样，可以集中休息七天。这个假期你打算

zěn me guò ne
怎么过呢？

mǎ kè hǎo bu róng yì yǒu ge cháng jià yīng gāi chè dǐ fàng sōng yí xià wǒ dǎ
马　克：好不容易有个长假，应该彻底放松一下。我打

suàn qù yuǎn diǎnr de dì fang wánr zhǔn bèi qù xī ān chéng dū hé
算去远点儿的地方玩儿，准备去西安、成都和

lì jiāng nǐ xiǎng qù shén me dì fang wánr
丽江。你想去什么地方玩儿？

shān xià xiàn zài hái shuō bu hǎo kě néng qù tiān jīn huò chéng dé nǐ yào qù de
山　下：现在还说不好，可能去天津或承德。你要去的

nà xiē dì fang yǒu yì si ma lì jiāng zài shén me dì fang
那些地方有意思吗？丽江在什么地方？

mǎ kè lì jiāng zài zhōng guó xī nán bù de yún nán shěng wǒ tīng shuō lì jiāng shì yí
马　克：丽江在中国西南部的云南省。我听说丽江是一

ge fēng jǐng yōu měi de gǔ chéng bǎo hù de hěn hǎo ér qiě shì shì jiè
个风景优美的古城，保护得很好，而且是世界

wén huà yí chǎn xī ān hé
文化遗产。西安和

chéng dū jù shuō yě hěn yǒu yì
成都据说也很有意

si xī ān shì zhōng guó gǔ dài
思。西安是中国古代

de dū chéng lì shǐ yōu jiǔ
的都城，历史悠久，

yǒu bù shǎo míng shèng gǔ jì chéng dū zài sì chuān shěng fēng jǐng yě hěn
有不少名胜古迹。成都在四川省，风景也很
piào liang
漂亮。

shān xià zhè xiē dì fang hé běi jīng yǒu nǎ xiē bù yí yàng
山　下：这些地方和北京有哪些不一样？

mǎ kè zěn me shuō ne yǒu hěn duō bù yí yàng de dì fang bǐ rú shuō yún nán
马　克：怎么说呢，有很多不一样的地方。比如说，云南
jiù hé běi jīng hěn bù yí yàng nà li yǒu hěn duō sēn lín suǒ yǐ zì
就和北京很不一样。那里有很多森林，所以自
rán fēng jǐng tè bié yōu měi ér qiě yún nán bú xiàng běi jīng zhè me gān
然风景特别优美，而且，云南不像北京这么干
zào qì wēn yě bú tài gāo ràng rén jué de hěn shū fu hái yǒu zhōng guó
燥，气温也不太高，让人觉得很舒服。还有，中国
de hěn duō shǎo shù mín zú dōu jí zhōng zài nà li
的很多少数民族都集中在那里。

shān xià nǐ hái bié shuō yún nán zhēn shì bú cuò wǒ yě hěn xiǎng qù kě shì
山　下：你还别说，云南真是不错，我也很想去。可是，
wǒ lái zhōng guó de shí jiān tài duǎn duì qíng kuàng hái bú tài liǎo jiě suǒ
我来中国的时间太短，对情况还不太了解。所
yǐ wǒ xiǎng xiān hé jǐ ge tóng xué qù jìn diǎnr de dì fang qí yú de
以，我想先和几个同学去近点儿的地方，其余的
dì fang yǐ hòu zài qù nǐ dài shang zhào xiàng jī duō pāi xiē zhào piàn huí
地方以后再去。你带上照相机多拍些照片，回
lai yǐ hòu gěi wǒ men kàn kan nǐ dǎ suàn zěn me qù nà xiē dì fang ne
来以后给我们看看。你打算怎么去那些地方呢？

mǎ kè wǒ dǎ suàn xiān zuò huǒ chē qù xī ān jiǔ yuè sān shí hào wǎn shang jiù
马　克：我打算先坐火车去西安，九月三十号晚上就
cóng běi jīng chū fā zài xī
从北京出发。在西
ān wánr liǎng tiān zhǔ yào shì
安玩儿两天，主要是
qù kàn bīng mǎ yǒng rán hòu
去看兵马俑。然后，
zuò huǒ chē qù chéng dū zài nà
坐火车去成都，在那

li wánr yì tiān zuì hòu cóng chéng dū zuò huǒ chē qù kūn míng kūn míng
里玩儿一天。最后，从成都坐火车去昆明，昆明
shì yún nán de shěng huì zài cóng nà li zuò cháng tú qì chē qù lì jiāng
是云南的省会，再从那里坐长途汽车去丽江。

shān xià nǐ lián qù zhè me duō dì fang rì chéng ān pái de zhè me mǎn zuò huǒ
山　下：你连去这么多地方，日程安排得这么满，坐火
chē huí lai hái néng gǎn shang shí yuè bā hào shàng kè ma
车回来还能赶上十月八号上课吗？

mǎ kè shì a zuò huǒ chē kěn dìng shì bù xíng nǐ cāi cai wǒ huì zěn me
马　克：是啊，坐火车肯定是不行。你猜猜，我会怎么
bàn
办？

shān xià yī wǒ kàn nǐ shì xiǎng ràng wǒ tì nǐ qǐng jià ba
山　下：依我看，你是想让我替你请假吧？

mǎ kè rú guǒ zhēn néng zhè yàng nà zài hǎo bú guò le kě shì bù xíng a suī
马　克：如果真能这样那再好不过了，可是不行啊。虽
rán lǚ yóu shì jiàn hǎo shì kě zǒng bù néng yīn wèi zhè ge qǐng jià ba
然旅游是件好事，可总不能因为这个请假吧？
zài shuō xué xiào yě kěn dìng bú huì pī zhǔn de
再说学校也肯定不会批准的。

shān xià nà wǒ cāi bu chū lái le nǐ dào dǐ dǎ suàn zěn me bàn ne
山　下：那我猜不出来了，你到底打算怎么办呢？

mǎ kè wǒ dǎ suàn zuò fēi jī huí běi jīng wǒ yǐ jīng yù dìng le cóng kūn míng dào
马　克：我打算坐飞机回北京。我已经预订了从昆明到
běi jīng de jī piào
北京的机票。

shān xià nǐ qù zhè me duō dì fang lù shang yào zhù yì ān quán zhù nǐ yí lù
山　下：你去这么多地方，路上要注意安全。祝你一路
píng ān
平安！

mǎ kè nǐ fàng xīn wǒ yí dìng zhù yì yě zhù nǐ lǚ tú yú kuài yí lù shùn
马　克：你放心，我一定注意！也祝你旅途愉快，一路顺
fēng
风！

词语表 Vocabulary

1.	集中	jízhōng	V	concentrate, centralize, put together
			集中休息/集中学习/集中在一起	
2.	假期	jiàqī	N	vacation, holiday, period of leave
			在假期/有很多假期/假期的安排	
3.	彻底	chèdǐ	Adj	thorough, thoroughgoing
			彻底放松/彻底解决/特别彻底	
4.	放松	fàngsōng	V	relax
			放松放松/放松自己/很放松	
5.	或	huò	Conj	or, either…or…
			有或没有/他或你/骑车或开车	
6.	部	bù	N	part, section
			南部/内部/胸部	
7.	优美	yōuměi	Adj	graceful, fine
			风景优美/特别优美/优美的句子	
8.	保护	bǎohù	V	protect, safeguard
			保护环境/保护动物/保护得很好	
9.	遗产	yíchǎn	N	legacy, inheritance, heritage
			文化遗产/一大笔遗产/遗产税	
10.	都城	dūchéng	N	capital
			古代的都城/一座都城/建立都城	
11.	历史	lìshǐ	N	history
			学习历史/中国的历史/成为历史	
12.	悠久	yōujiǔ	Adj	long, long-standing, age-old
			历史悠久/悠久的传说/悠久的传统	
13.	名胜	míngshèng	N	well-known scenic spot
			很多名胜/风景名胜/名胜古迹	

14.	古迹	gǔjì	N	historic site, place of historic interest 有名的古迹/保护古迹/古迹众多
15.	森林	sēnlín	N	forest 一片森林/森林公园/森林大火
16.	自然	zìrán	N	nature, natural world 自然风景/大自然/自然环境
17.	气温	qìwēn	N	air temperature 量气温/气温很高/气温一样
18.	少数民族	shǎoshù mínzú		ethnic minority 云南有很多少数民族。/少数民族节日
19.	其余	qíyú	Pr	the rest, the remainder 其余的名胜古迹/其余的同学/其余的事情
20.	照相机	zhàoxiàngjī	N	camera 一架照相机/名牌照相机/保管好照相机
21.	出发	chūfā	V	set out, start off 从这里出发/出发去上海/我们这就出发吧。
22.	兵马俑	bīngmǎyǒng	N	terracotta warriors and horses
23.	省会	shěnghuì	N	provincial capital 省会城市/云南的省会/住在省会
24.	长途	chángtú	Adj	long-distance 长途电话/长途汽车/长途旅行
25.	连	lián	Adv	in succession, continuously 连下了几天的雨/连发了几个短信/ 连说了十几分钟
26.	日程	rìchéng	N	program, schedule 工作日程/访问日程/日程很满
27.	安排	ānpái	V/N	arrange; arrangement 安排生活/旅游安排

28.	满	mǎn	Adj	full, filled 日程安排得很满/教室里坐满了人/杯子里的水太满了
29.	赶上	gǎn shang		catch up with, keep pace with 赶上末班车/赶得上考试/赶上时代的潮流
30.	猜	cāi	V	guess, speculate 猜猜看/猜答案/猜不出来
31.	依	yī	Prep	according to, in the light of 依我看/依法/依次
32.	批准	pīzhǔn	V	approve, endorse, sanction 批准申请/批准入学/批准请假
33.	预订	yùdìng	V	subscribe, book, place an order for 预订房间/预订火车票/预订座位
34.	注意	zhùyì	V	pay attention to, be careful about 注意安全/请注意/注意事项
35.	安全	ānquán	Adj	safe, secure 交通安全/安全知识/很安全
36.	一路平安	yílù píng'ān		have a pleasant journey, bon voyage 祝你一路平安!
37.	放心	fàng xīn	V//O	feel relieved, set one's mind at rest 放心去玩儿/放一百个心/放宽心
38.	旅途	lǚtú	N	journey, trip 旅途顺利/旅途安全/愉快的旅途
39.	愉快	yúkuài	Adj	happy, glad 旅途愉快/周末愉快/愉快地工作
40.	一路顺风	yílù shùnfēng		have a good journey 祝你一路顺风!/这次真是一路顺风。

专有名词 Proper Nouns

1.	西安	Xī' ān	Xi'an, the provincial capital of Shaanxi
2.	成都	Chéngdū	Chengdu, the provincial capital of Sichuan
3.	丽江	Lìjiāng	Lijiang, a city and scenic spot in Yunnan Province
4.	天津	Tiānjīn	Tianjin, name of a city
5.	承德	Chéngdé	Chengde, a well-known scenic spot and historic site in the northeastern part of Hebei Province
6.	云南省	Yúnnán Shěng	Yunnan (Province)
7.	昆明	Kūnmíng	Kunming, the provincial capital of Yunnan

注释 Notes

1 我打算去远点儿的地方玩儿，准备去西安、成都和丽江。

准备+V：用来表示计划、打算。例如：

准备+V (prepare to do)： It is used to indicate a plan or arrangement. For example,

① A：你打算去哪儿？
B：我准备去天津或承德。

② A：你们什么时候出发？
B：我们准备星期六就出发。

③ A：你回国后还继续学习汉语吗？
B：对，我准备回国后继续学习汉语。

2 现在还说不好，可能去天津或承德。

说不好：表示自己不能确定地判断或解释某人、某事。例如：

说不好 (not sure)：It means one cannot clearly judge or describe someone or something. For example,

① A：你现在想好假期去哪儿了吗？
 B：现在我还真说不好假期的时候去什么地方。
② A：你们哪天走？
 B：这我还说不好，我们原来是打算明天就出发的，但是不知道天气怎么样？
③ A：回国后你想找什么工作？
 B：我也说不好，不管找什么工作，我回国后都会继续学习汉语。

3 怎么说呢，有很多不一样的地方。

怎么说呢：表示的意思是“不好说”、“不知道该怎么说”，常用于交谈中一时找不到合适的话的时候。例如：

怎么说呢 (how to say it)：It means “不好说” (it is hard to say) or “不知道该怎么说” (don't know how to say it). It is used when you cannot find the proper words in a conversation. For example,

① A：你觉得当老师好吗？
 B：怎么说呢，当老师收入不是很高，但是和学生们在一起很有意思。
② A：学习汉语真的很有意思吗？
 B：这个嘛，怎么说呢，学习汉语确实很难，但有时候也真的很有意思。
③ A：你想找什么样的女朋友？
 B：怎么说呢，不管找什么样的，她都应该是一个人品很好的人。

4 你还别说，云南真是不错，我也很想去。

你还别说：表示确认某种事实或说法的插入语，用来提醒人们注意。有时候所确认的事实或说法不能从表面或常理来推断，因而会显得有些出人意料。有时也会省略为“还别说”“也别说”、“别说”。例如：

你还别说 (*used to indicate sth. unexpected happened*)：It is a parenthesis used to confirm a certain fact or statement and to catch the attention of the listener. Sometimes the fact or statement mentioned cannot be deducted from the surface or by common sense, so it seems to indicate something unexpected happened. Sometimes it is abbreviated to “还别说”, “也别说” or “别说”. For example,

① A：他这么一走，大家也都跟着走了。
 B：你还别说，他还真能影响这么多人。
② A：也还别说，你说的这些还真是有些道理。
 B：就是嘛，听我的肯定没错。
③ A：你这件衣服很不错，还别说，最近这种衣服很流行。
 B：那当然了，昨天电视上还说今年最流行这样的衣服呢。

5 依我看，你是想让我替你请假吧？

依……看：表示从某人的角度来评论事情，发表意见或看法。常用做插入语，后文说出对事情的见解、主张或推断。“某人”多为第一和第二人称。例如：

依……看 (in one's opinion)：It means to comment on something from a specific person's perspective or to express one's idea or opinion. It is usually used as a parenthesis followed by some idea, opinion or inference. Between “依” and “看” is often a first-person or second-person pronoun. For example,

① A：依你看，这个问题最好的解决办法是什么呢？
B：要依我看，你说的办法就是最好的。
② A：他怎么还不来？
B：依我看，他今天不能来了，咱们先走吧。
③ A：我实在是去不了了，可这件事怎么办呢？
B：你身体这么不舒服，依我看，就让小李替你去办这件事吧。

6 依我看，你是想让我替你请假吧？

让A替B+V：表示要某人代替某人做某事的意思，是兼语句式。例如：

让A替B+V：It means to ask A to do something in place of B. It is a kind of pivotal sentence. For example,

① A：你是想让马克替你去参加吧？
B：对，可是马克今天有空儿吗？
② A：马克来了吗？
B：他今天不能来了，让我替他去吧。
③ A：你身体不舒服，这件事让我替你办吧。
B：那实在是太麻烦你了。

7 如果真能这样那再好不过了，可是不行啊。

再……不过了：意思是没有比这里的情况更高程度的情况了，表示程度达到了极点。例如：

再……不过了：It means there is not a situation which is of a higher degree than this, indicating the degree goes to the summit. For example,

① A：你做的饭真是很好吃。
B：这有什么？做饭再容易不过了。
② A：我把你要交的钱先替你交了吧。
B：哎呀，那再好不过了，只是太麻烦你了。
③ A：每天做这么多作业，再没意思不过了。
B：可是如果不这样，怎么能学好汉语呢？

8 虽然旅游是件好事，可总不能因为这个请假吧？

总不能……吧：表示不管情况怎么样，都不能做某事。例如：

总不能……吧：It means one should not do something under any circumstances. For example,

① A：我不想参加今天的活动了。
　B：你不参加怎么行呢？总不能让马克替你去参加吧？

② A：他今天不能来了，我们总不能光等着他什么都不做了吧？
　B：那当然，咱们先做自己能做的。

③ A：你身体不舒服，总不能就这么硬坚持着不去休息吧？
　B：就差一点儿了，我弄完就走。

功能项目 Function Items

功能项目	例　句
1.（用"打算""准备""想"）说明计划安排 To explain a plan or an arrangement (using "打算", "准备" or "想")	① A：这个假期你打算怎么过呢？ B：我打算去远点儿的地方玩儿。 ② A：你假期准备去哪儿？ B：我准备去西安、成都和丽江。 ③ A：你想去什么地方玩儿？ B：我想去离北京近一点儿的地方。
2.（用"可能"）表示估计 To express a reckoning (using "可能")	① A：假期你想去什么地方玩儿？ B：现在还不好说，可能去天津或承德。 ② A：你坐火车去可能会来不及吧。 B：我也是这么想的，所以我打算坐飞机去。
3.（用"肯定""当然""一定"）表示肯定 To show certainty (using "肯定", "当然" or "一定")	① A：你坐火车回来还能赶上十月八号上课吗？ B：是啊，坐火车肯定是不行。 ② A：虽然旅游是件好事，可总不能因为这个请假吧？再说学校也肯定不会批准的。 B：哪能呢？我当然不会去请假。
4. 祝愿旅途顺利 To wish sb. a nice trip	① A：我明天就回国了。 B：路上注意安全，祝你一路平安！ ② A：我要去西安旅游，今天晚上坐火车去。 B：祝你旅途愉快，一路顺风！ ③ A：你路上一定要注意安全。 B：你放心，我一定注意。

7

nǐ dé de shì liú xíng xìng gǎn mào

你得的是流行性感冒

You have got a flu

课文 Text

（山下生病了，马克陪她打车来到医院。）

dài fu　lái　qǐng zuò xia　nǐ jué de nǎr bù shū fu

大　夫：来，请坐下。你觉得哪儿不舒服？

shān xià　wǒ jué de hěn nán shòu　tóu téng de lì hai　shēn shang yì diǎnr jìnr

山　下：我觉得很难受，头疼得厉害，身上一点儿劲儿

dōu méi yǒu　cháng cháng ké sou　hái lǎo shì jué de lěng

都没有，常常咳嗽，还老是觉得冷。

dài fu　zhāng kāi zuǐ　shé tou shēn chu lai ràng wǒ kàn kan　nǐ de sǎng zi yǒu

大　夫：张开嘴，舌头伸出来让我看看。你的嗓子有

diǎnr hóng　xiān liáng yí xià tǐ wēn ba

点儿红。先量一下体温吧。

（山下量完体温，又来找大夫。）

dài fu　nǐ shén me shí hou kāi shǐ jué de bù shū fu

大　夫：你什么时候开始觉得不舒服？

shān xià　zuó tiān xià wǔ jiù kāi shǐ le　wǎn shang chī le diǎnr yào jiù shuì le

山　下：昨天下午就开始了。晚上吃了点儿药就睡了，

kě shì méi yòng　wǒ zhěng yè dōu shuì

可是没用，我整夜都睡

bu zháo jiào　wǒ cóng lái méi yǒu jué

不着觉。我从来没有觉

de zhè me bù shū fu guo

得这么不舒服过。

dài fu　nǐ bié zháo jí　gěi wǒ tǐ wēn

大　夫：你别着急。给我体温

biǎo ya　sān shí bā diǎn liù dù wēn dù

表。呀！ 38.6℃， 温度

tǐng gāo nǐ xiān qù yàn xiě jié guǒ chū lai hòu zài lái zhǎo wǒ
挺高。你先去验血，结果出来后再来找我。

（山下验血的结果出来以后，她又回到大夫那里。）

dài fu cóng nǐ de zhèng zhuàng hé yàn xiě de jié guǒ kàn nǐ dé de shì liú xíng xìng gǎn mào
大 夫：从你的症状和验血的结果看，你得的是流行性感冒。

shān xià dài fu yán zhòng ma huì bu huì dān wu wǒ shàng kè
山 下：大夫，严重吗？会不会耽误我上课？

dài fu méi shén me hǎo dān xīn de nǐ de bìng bú yào jǐn zhǐ yào àn shí dǎ zhēn chī yào guò jǐ tiān jiù méi shìr le
大 夫：没什么好担心的。你的病不要紧，只要按时打针吃药，过几天就没事儿了。

shān xià wǒ de bìng yǒu bì yào dǎ zhēn ma
山 下：我的病有必要打针吗？

dài fu nǐ shāo de bǐ jiào lì hai hái shi dǎ zhēn wéi hǎo hái yǒu nǐ bú shì pà dān wu shàng kè ma dǎ zhēn kě yǐ hǎo de kuài diǎnr miǎn de yǐng xiǎng nǐ de xué xí bié hài pà nǐ yě kě yǐ qù dǎ diǎn dī yòu hǎo de kuài yòu bù téng
大 夫：你烧得比较厉害，还是打针为好。还有，你不是怕耽误上课吗？打针可以好得快点儿，免得影响你的学习。别害怕，你也可以去打点滴，又好得快又不疼。

shān xià nà hǎo ba wǒ jiù qù dǎ diǎn dī xiè xie nín
山 下：那好吧！我就去打点滴，谢谢您！

（在回宿舍的路上，马克问山下现在的情况。）

mǎ kè nǐ xiàn zài shēn tǐ zěn me yàng jué de hǎo diǎnr le ma
马 克：你现在身体怎么样？觉得好点儿了吗？

shān xià wǒ jué de hǎo diǎnr le nǐ péi wǒ qù yī yuàn kàn bìng zhēn ràng wǒ bù zhī shuō shén me cái hǎo tài xiè xie nǐ le
山 下：我觉得好点儿了。你陪我去医院看病，真让我不知说什么才好，太谢谢你了！

mǎ kè nǐ shuō zhè huà kě jiù jiàn wài le bù guǎn zěn me shuō nǐ shì bìng rén
马 克：你说这话可就见外了。不管怎么说，你是病人，

wǒ dāng rán yīng gāi zhào gù nǐ dài fu gěi nǐ kāi de shì shén me yào
我当然应该照顾你。大夫给你开的是什么药？

shān xià zhōng yào hé xī yào dōu yǒu zhōng yào shì gǎn mào chōng jì xī yào shì ā sī pǐ lín
山下：中药和西药都有，中药是感冒冲剂，西药是阿司匹林。

mǎ kè dài fu hái shuō shén me le
马克：大夫还说什么了？

shān xià dài fu hái ràng wǒ àn shí chī yào zhù yì xiū xi jǐn liàng duō hē shuǐ yào shi jué de hái bù hǎo jiù zài qù kàn kan
山下：大夫还让我按时吃药，注意休息，尽量多喝水。要是觉得还不好，就再去看看。

mǎ kè yào wǒ shuō ya dài fu de huà nǐ yí dìng děi jì zhu huí qu hǎo hāo xiē zhe ān xīn yǎng bìng zuì jìn tiān qì bǐ jiào gān zào yào zhù yì duō hē shuǐ shēn tǐ shì zuì yào jǐn de jīn hòu yào duō duàn liàn duàn liàn shēn tǐ duō chū qu dǎ da qiú shén me de
马克：要我说呀，大夫的话你一定得记住。回去好好歇着，安心养病。最近天气比较干燥，要注意多喝水。身体是最要紧的，今后要多锻炼锻炼身体，多出去打打球什么的。

shān xià fàng xīn ba dài fu de huà wǒ yí dìng jì zhu
山下：放心吧，大夫的话我一定记住。

词语表 Vocabulary

1.	流行	liúxíng	V	be prevalent, be popular, be in vogue 流行性感冒/这首歌很流行/流行色
2.	性	xìng	Suf	*noun-forming suffix used to denote a category* 流行性/重要性/关键性
3.	厉害	lìhai	Adj	serious, terrible 病得很厉害/天热得厉害

4.	劲儿	jìnr	N	strength, energy 没劲儿/使劲儿/用劲儿
5.	咳嗽	késou	V	cough 咳嗽得很厉害/常常咳嗽/一阵咳嗽
6.	嘴	zuǐ	N	mouth 一张嘴/张开嘴
7.	舌头	shétou	N	tongue 舌头疼/发音时舌头要用力/伸舌头
8.	伸	shēn	V	stretch, extend 伸手/伸出来/伸舌头
9.	量	liáng	V	measure 量量体温/量身高/量血压
10.	体温	tǐwēn	N	(body) temperature 体温很高/注意体温/正常体温
11.	没用	méi yòng		useless, no use 这样做没用!/没用的人/太没用了!
12.	整	zhěng	Adj	whole, complete, full, entire 整天/整楼/12点整
13.	夜	yè	N	night 整夜/在夜里/半夜
14.	体温表	tǐwēnbiǎo	N	(clinical) thermometer
15.	呀	ya	Int	(*indicating surprise*) ah 呀，你发烧了!/呀，风景真漂亮!/呀，我忘了带钥匙!
16.	温度	wēndù	N	temperature 室内温度/保持温度/温度很高
17.	验血	yàn xiě		blood test 去验血/验血的结果/等着验血

18.	症状	zhèngzhuàng	N	symptom 感冒的症状/症状很严重/症状不明显
19.	要紧	yàojǐn	Adj	important, vital, critical, serious 不要紧/身体要紧/学习最要紧
20.	按时	ànshí	Adv	on time, on schedule 按时吃药/按时上课/按时完成
21.	没事儿	méi shìr	V//O	nothing serious, doesn't matter, have nothing to do 你的病没事儿/吃点儿药就没事儿了/没事儿常来玩儿
22.	必要	bìyào	Adj	necessary, indispensable 没有必要/必要的准备/必要的安排
23.	烧	shāo	V	run a fever 烧得很厉害/发烧/烧到39℃
24.	免得	miǎnde	Conj	so as not to, so as to avoid 免得影响上课/免得耽误时间/免得误会
25.	影响	yǐngxiǎng	V/N	affect, influence; effect, impact 影响学习/影响力/有很大影响
26.	打点滴	dǎ diǎndī		put on an intravenous drip 打一次点滴/打点滴不疼/每天去打点滴
27.	见外	jiànwài	Adj	regard sb. as an outsider 这你就见外了。/不要见外。
28.	不管	bùguǎn	Conj	no matter (what, how, etc.), regardless of 不管怎么样，我都一定要去。/不管考试多么难，都要试一试。/不管是什么问题，都要想办法解决。
29.	病人	bìngrén	N	patient, invalid 照顾病人/一个病人/给病人看病

30.	感冒冲剂	gǎnmào chōngjì		soluble granules for flu
31.	阿司匹林	āsīpǐlín	N	aspirin
32.	尽量	jǐnliàng	Adv	to the best of one's ability, as far as possible 尽量多喝水/尽量少开车
33.	歇	xiē	V	have a rest, rest 歇一下/歇一会儿/歇一歇再做
34.	安心	ānxīn	Adj	feel at ease, set one's mind at rest 安心养病/安心休息/安心学习
35.	养病	yǎng bìng	V//O	rest and recuperate 好好养病/在家养病/养好病
36.	今后	jīnhòu	N	from now on, in the days to come, henceforth, hereafter, in future 今后的时间/今后要多锻炼身体/今后我会更努力地工作。
37.	什么的	shénmede	Pt	and so on, and what not 来点儿可乐、啤酒什么的/游游泳什么的/去了西安、成都什么的。

注释 Notes

1 我觉得很难受，……还老是觉得冷。

老(是)：表示一直、多次的意思，在口语中常用。例如：

老(是) (always)：It means "all the time" or "repeatedly". It is often used in spoken language. For example,

① A：老是给您添麻烦，真过意不去。
B：我做这些没什么，你别客气。
② A：怎么最近老是看不见他。
B：他老待在家里，也不出来走走。
③ A：你怎么老是在宿舍里学习，不去锻炼锻炼？
B：最近学习实在是太忙了，我以后一定去锻炼。

2 没什么好担心的。

没什么好……的： 表示不值得、不应该或者没有必要做某事。也可以用反问形式“有什么好……的？”表达，但语气较强。例如：

没什么好……的： It means something is not worth doing or should not or is not necessary to be done. We can also use the rhetorical question “有什么好……的？”, which has a stronger tone. For example,

① A：我的身体怎么样，有问题吗？
B：你的身体没事儿，没什么好担心的。
② A：不就是去喝酒嘛，没什么好害怕的。
B：我不是害怕，而是明天还有考试呢。
③ A：一次考试考好了，有什么好骄傲的？
B：我没骄傲，只是觉得考试考好了也很不容易，应该庆祝一下。

3 只要按时打针吃药，过几天就没事儿了。

没事儿：（1）表示没关系，在别人说“对不起”等语句时，回答时用；（2）表示没有事情，回答别人有关问句时使用；（3）表示没有问题，让别人不要担心。例如：

没事儿： (1) “it doesn’t matter”, used when replying to apologies; (2) “nothing”, used when answering relevant questions; (3) “there is no problem”, used to ask others not to worry. For example,

① A：实在对不起。
B：没事儿。
② A：你找他有什么事儿吗？
B：没事儿。
③ A：我的身体怎么样？有问题吗？
B：你的身体没事儿，过几天就好了。

4 你烧得比较厉害，还是打针为好。

还是……为好： 表示经过考虑后，选择自己认为较好的一种办事方法，可以用来劝说别人。例如：

还是……为好 (had better)： It means after consideration, one chooses a better way to do something. It can also be used to persuade others. For example,

① A：我下午正好有空儿，这件事我去办吧。
　B：不能再给您添麻烦了，我还是自己去做为好！
② A：这件事有没有人能替我去办一下？
　B：这件事别人没办法替你去做，还是你自己去做为好。
③ A：我想坐火车去。
　B：坐火车时间太长了，还是坐飞机为好。

5 打针可以好得快点儿，免得影响你的学习。

免得：表示通过做某事避免发生某种不希望发生的情况。多用在后一个分句的开头，主语往往不说出来。也常说“省得”。例如：

免得 (lest)：It means to avoid some undesirable situation from happening by doing something. It is often used at the beginning of the latter clause, in which the subject is often omitted. “省得” is sometimes used instead. For example,

① A：你最好提醒他先去验血，免得他忘了。
　B：我一定记得提醒他。
② A：天气很冷，你最好多穿点儿衣服，免得得感冒。
　B：我一定记住多穿点儿。
③ A：你到了以后打个电话来，省得我们担心。
　B：好，我一定打电话。

6 你陪我去医院看病，真让我不知说什么才好，太谢谢你了！

不知……才好：表示强调，中间常用带疑问词的短语，有时“才”可以省略。在本句中“不知说什么才好”强调表示感激，心情十分激动，无法找到合适的语言充分表达出自己的感激之情。例如：

不知……才好 (just do not know...)：It is used for emphasis. Phrases with interrogative pronouns are often used in the middle. Sometimes, “才” can be omitted. Here the sentence “不知说什么才好” (do not know what to say) means that one is so grateful and excited that he/she cannot find proper words to express his/her gratitude. For example,

① A：你帮了我这么多的忙，我真不知说什么才好。
　B：你别太客气了，我没做什么。
② A：我明天就要参加比赛了，不知怎么准备才好。
　B：别担心，你肯定没问题。
③ A：我不知说你什么好，你怎么能把事情办成这样呢？
　B：我也不知道怎么会弄成这样。

7 你说这话可就见外了。

说这话可就见外了： 表示某人说话过于客气，把说话人当成关系不亲密的外人了。多用在回答别人的道歉或感谢时。例如：

说这话可就见外了 (it's over polite to say this): It means somebody has said something too polite, treating the speaker as an outsider who is not close. It is often used when replying to others' apologies or gratitude. For example,

① A：你帮了我很多忙，真该好好谢谢你！
B：说这话可就见外了，咱们是朋友嘛，这点儿事不算什么。
② A：多亏有你，要不然我真不知道该怎么办呢。
B：一点儿小事，你说这话可就见外了。
③ A：他让我替他好好谢谢你！
B：他说这话可就见外了，我们一直都是好朋友。

8 不管怎么说，你是病人，我当然应该照顾你。

不管怎么说： 表示在任何情况下结果或结论都不会改变或不应该改变。可用来说服对方或对其提出要求。例如：

不管怎么说 (anyway): It means the result or conclusion will not or should not change no matter what the situation is. It can be used to persuade somebody or to make a request. For example,

① A：谢谢你帮了我这么多的忙。
B：不管怎么说，你是我的老同学，我怎么能不帮你呢？
② A：你身体不好，今天就别去参加比赛了。
B：不管怎么说，我一定要参加今天的比赛。
③ A：我妈妈一定要我听她的。
B：不管怎么说，她是你妈妈，她的话你还是应该听。

9 要我说呀，大夫的话你一定得记住。

要我说呀： 用于提出自己的建议或看法，插入语。表示如果让说话人说出自己的想法。例如：

要我说呀 (in my opinion): It is a parenthesis used to give one's own advice or view. It means "if I'm given the chance to say my opinion". For example,

① A：我怎么老是学不好呢？
B：要我说呀，你上课的时候，应该尽量集中注意力听讲。
② A：想学好汉语，要我说呀，就要尽量利用一切机会多说多练。
B：可是除了上课，这样的机会并不多。
③ A：考试很快就要到了，我该怎么办呢？
B：要我说呀，考试以前，你应该放松心情。

功能项目 Function Items

功能项目	例　句
1.（用“Adj+得厉害”）表示程度极高 To show an extremely high degree (using the structure “Adj+得厉害”)	① A：大夫，我头疼，疼得厉害。 B：你可能得了感冒，我来检查一下。 ② A：我觉得很不舒服，肚子疼，疼得还挺厉害。 B：你吃的东西可能有问题。
2.（用“呀”“哎呀”）表示吃惊 To show surprise (using “呀” or “哎呀”)	① A：大夫，情况怎么样？ B：呀！38.6℃，温度挺高。 ② A：我觉得很不舒服。 B：哎呀，你发烧了，烧得还挺厉害。
3.（用疑问的形式）表示担心 To express worry (using a question)	① A：大夫，我的病严重吗？ B：没什么好担心的，你的病不要紧。 ② A：会不会耽误我上课？ B：你只要按时吃药，过几天就没事儿了，不会耽误。
4.（用“没什么好……的”“不要紧”“没事儿”）表示劝慰 To comfort sb. (using “没什么好……的”, “不要紧” or “没事儿”)	① A：大夫，情况怎么样？ B：没什么好担心的，你的病不要紧。 ② A：你是不是生病了？该去医院看看。 B：没事儿，我去医院看过了，已经好多了。
5.（用“还有”“而且”）补充说明意思更进一层 To make a further statement (using “还有” or “而且”)	① A：你烧得比较厉害，还是打针为好。还有，你不是怕耽误上课吗？打针可以好得快点儿。 B：那好吧，我听您的。 ② A：这里的人你都认识吗？ B：差不多吧，这里有不少人是我的同事，而且有的还是我的老师。
6. 对别人的身体情况进行询问 To ask about sb.'s health condition	①A：你现在身体怎么样？觉得好点儿了吗？ B：我觉得好点儿了。 ② A：你今天怎么没上课？病了吗？ B：是啊，我实在起不了床了。 ③ A：你头上怎么出了那么多汗？ B：我头疼得厉害。

功能项目	例 句
7.（用“得（děi）”“要”）表示提醒 To remind sb. of sth. (using “得（děi）” or “要”)	① A：大夫的话你一定得记住。 B：没问题，你放心吧。 ② A：最近天气比较干燥，你要注意多喝水。 B：谢谢你的提醒，我一定注意。 ③ A：身体是最要紧的，今后要多锻炼锻炼身体。 B：好的，我一定注意。

8

xiǎng bu dào nín jiā de fáng zi zhè me kuān chang

想不到您家的房子这么宽敞

I didn't expect your place to be this spacious

课文 Text

（李老师请山下和马克去她家玩儿，马克他们正忙着作准备。）

shān xià mǎ kè nǐ kàn zán men qù lǐ lǎo shī jiā shì bu shì yào dài diǎnr lǐ wù ne

山　下：马克，你看，咱们去李老师家是不是要带点儿礼物呢？

mǎ kè duì ya zán men shì dì yī cì qù lǐ lǎo shī jiā dài diǎnr lǐ wù qù bǐ jiào hǎo

马　克：对呀！咱们是第一次去李老师家，带点儿礼物去比较好。

shān xià kě shì dài shén me lǐ wù ne zhēn bù zhī rú hé shì hǎo bù zhī dào zhōng guó rén xǐ huan shén me yàng de lǐ wù

山　下：可是，带什么礼物呢？真不知如何是好。不知道中国人喜欢什么样的礼物？

mǎ kè sòng shén me yàng de lǐ wù qí shí bìng bú zhòng yào jù shuō zhōng guó yǒu yí jù sú huà jiào lǐ qīng qíng yì zhòng yě jiù shì shuō lǐ wù bú bì sòng hěn guì zhòng de néng dài biǎo nǐ de xīn yì cái shì zuì zhòng yào de

马　克：送什么样的礼物其实并不重要，据说中国有一句俗话，叫“礼轻情意重”。也就是说，礼物不必送很贵重的，能代表你的心意才是最重要的。

shān xià jiù shì qí shí sòng lǐ wù jiù yīng gāi zhè yàng yǒu shí hou sòng shí yòng de dōng xi zuì hǎo bǐ rú xǐ huan yīn yuè de sòng hé guāng pán

山　下：就是，其实送礼物就应该这样。有时候，送实用的东西最好。比如，喜欢音乐的，送盒光盘

jiù tǐng hǎo　qù zhōng guó rén jiā li zuò kè yì bān sòng shén me lǐ wù
就挺好。去中国人家里做客一般送什么礼物
ne
呢？

mǎ kè　shì zhè yàng　wǒ tīng shuō qù zhōng guó rén jiā li zuò kè　yì bān kě yǐ
马　克：是这样，我听说去中国人家里做客，一般可以
sòng xiān huā　shuǐ guǒ zhè lèi de　huò zhě sòng jù yǒu mín zú tè sè
送鲜花、水果这类的，或者送具有民族特色
de xiǎo gōng yì pǐn yě kě yǐ　wǒ yě méi xiǎng hǎo jù tǐ sòng lǐ lǎo
的小工艺品也可以。我也没想好具体送李老
shī shén me lǐ wù　zán men qù shāng diàn guàng guang　yě xǔ néng tiāo dào
师什么礼物。咱们去商店逛逛，也许能挑到
yí jiàn zhèng hǎo kě yǐ biǎo dá zán men xīn yì de lǐ wù
一件正好可以表达咱们心意的礼物。

shān xià　hǎo a　tīng nǐ de　jiù zhè me bàn　zán men xiān qù shāng diàn mǎi dōng
山　下：好啊，听你的，就这么办！咱们先去商店买东
xi　rán hòu zài qù lǐ lǎo shī jiā
西，然后再去李老师家。

（马克和山下买好礼物以后，来到了李老师家。）

mǎ kè　lǐ lǎo shī　nín hǎo
马　克：李老师，您好！

shān xià　lǐ lǎo shī　nín hǎo　zhè shì wǒ men de yì diǎnr xīn yì　qǐng nín
山　下：李老师，您好！这是我们的一点儿心意，请您
shōu xia
收下。

lǐ lǎo shī　nǐ men hǎo　kuài qǐng jìn
李老师：你们好！快请进！
nǐ men lái jiù lái ba
你们来就来吧，
hái dài lǐ wù gàn ma　bú
还带礼物干吗？不
guò　zhè shù xiān huā zhēn piào
过，这束鲜花真漂
liang　xiè xie nǐ men
亮，谢谢你们！

shān xià nín zài gè fāng miàn duì wǒ men dōu hěn guān zhào wǒ men fēi cháng gǎn
山　下：您在各方面对我们都很关照，我们非常感
jī yì zhí xiǎng dào nín jiā lái kàn kan yòu pà dǎ rǎo nín
激。一直想到您家来看看，又怕打扰您。

lǐ lǎo shī nǐ men tài kè qi le suí biàn zuò ba nǐ men lái wǒ jiā wánr
李老师：你们太客气了！随便坐吧。你们来我家玩儿，
wǒ hěn gāo xìng běn lái zǎo jiù xiǎng qǐng nǐ men lái zhǐ shì qián yí duàn
我很高兴。本来早就想请你们来，只是前一段
shí jiān bǐ jiào máng bú shì zài xué xiào shàng kè jiù shì qù diàn tái
时间比较忙，不是在学校上课，就是去电台、
diàn shì tái lù jié mù jī běn méi yǒu shí jiān suǒ yǐ yì zhí tuō dào
电视台录节目，基本没有时间，所以一直拖到
xiàn zài
现在。

shān xià lǐ lǎo shī xiǎng bu dào nín jiā de fáng zi zhè me kuān chang zhè tào fáng
山　下：李老师，想不到您家的房子这么宽敞，这套房
zi hěn guì ba
子很贵吧？

lǐ lǎo shī zhè tào fáng zi shì ge yì bān de sān shì liǎng tīng shuō qǐ lai shí jì
李老师：这套房子是个一般的三室两厅，说起来实际
shang bú tài guì yīn wèi shì xué xiào yǐ qián fēn pèi gěi wǒ de suī rán
上不太贵。因为是学校以前分配给我的，虽然
yě yào huā qián mǎi dàn bǐ fù jìn de shāng pǐn fáng pián yi duō le guāng
也要花钱买，但比附近的商品房便宜多了。光
liáo tiānr le yě méi gù de shàng ràng nǐ men hē diǎnr dōng xi nǐ
聊天儿了，也没顾得上让你们喝点儿东西。你
men xǐ huan hē shén me kā fēi hái shi chá
们喜欢喝什么？咖啡还是茶？

mǎ kè wǒ xǐ huan hē chá shān xià nǐ ne
马　克：我喜欢喝茶。山下，你呢？

shān xià wǒ yě xǐ huan hē chá
山　下：我也喜欢喝茶。

lǐ lǎo shī nǐ men xiān zuò yí huìr wǒ zhè jiù gěi nǐ men pào chá qù
李老师：你们先坐一会儿，我这就给你们泡茶去。

词语表 Vocabulary

1.	宽敞	kuānchang	Adj	spacious, roomy, commodious 宽敞的房间/宽敞的街道/教室很宽敞
2.	如何	rúhé	Pr	how, what 不知如何是好/近来情况如何/ 此事如何办理
3.	俗话	súhuà	N	common saying, proverb 一句俗话/有意思的俗话/俗话说得有道理
4.	轻	qīng	Adj	of little weight, light, small in degree 这本书很轻。/油比水轻/轻伤
5.	情意	qíngyì	N	love, affection, goodwill 情意很深/充满情意/师生情意
6.	重	zhòng	Adj	heavy, weighty, serious 那个行李太重了。/铁比木头重/重伤
7.	不必	búbì	Adv	need not, not have to 不必担心/不必说/考试前不必太紧张
8.	贵重	guìzhòng	Adj	valuable, precious 贵重的礼物/贵重物品/很贵重
9.	代表	dàibiǎo	V	represent, stand for, on behalf of 代表我的心意/在中国，红色代表喜庆。/ 我代表全班同学来看你。
10.	心意	xīnyì	N	regard, kindly feelings 这是我们的一点儿心意。/小心意/ 他的礼物很有心意。
11.	就是	jiùshì	Adv	quite right, exactly, precisely 就是，你应该这么做！/就是，你说得对！ 就是，天气的确变冷了。

12.	实用	shíyòng	Adj	practical, pragmatic 很实用/实用语法/实用的礼物
13.	盒	hé	M	box, case 一盒光盘/两盒烟/那盒点心
14.	光盘	guāngpán	N	compact disc 一张光盘/音乐光盘/外语光盘
15.	类	lèi	N	kind, type, class, category 各类/同类/诸如此类的工作
16.	具有	jùyǒu	V	have, possess (often sth. immaterial) 具有中国特色/具有良好的条件/具有悠久的传统
17.	工艺品	gōngyìpǐn	N	handiwork, handicraft 小工艺品/漂亮的工艺品/工艺品商店
18.	具体	jùtǐ	Adj	concrete, exact, particular, specific 安排很具体/具体的时间/具体的要求
19.	也许	yěxǔ	Adv	perhaps, probably, maybe 也许我会去。/也许能行/也许能帮这个忙
20.	挑	tiāo	V	choose, select, pick 挑礼物/挑错误/挑来挑去
21.	表达	biǎodá	V	express, convey, show 表达心意/表达感情/表达出来
22.	束	shù	M	bundle, bunch, sheaf 一束鲜花/两束玫瑰/几束野草
23.	关照	guānzhào	V	look after, take care of, keep an eye on 多多关照！/对我很关照/关照我们
24.	感激	gǎnjī	V	feel grateful, be thankful, feel indebted 我很感激/对他很感激/感激得不得了
25.	打扰	dǎrǎo	V	disturb, trouble 不要打扰他/打扰一下/请勿打扰。

26.	电台	diàntái	N	radio station 广播电台/一家电台/电台的节目
27.	电视台	diànshìtái	N	television station 中央电视台/地方电视台/在电视台工作
28.	录	lù	V	record 录节目/录下这些话/录一首歌
29.	节目	jiémù	N	programme, item (on a programme) 录节目/表演节目/精彩的节目
30.	基本	jīběn	Adj	basic, fundamental, main, essential 基本情况/基本要求/基本不下雨
31.	拖	tuō	V	delay, drag on 拖到现在/拖了很长时间/不要再拖了
32.	室	shì	N	room 室内/室外活动/会客室
33.	厅	tīng	N	hall 很大的厅/门口有个厅/厅在里边
34.	实际上	shíjìshang	Adv	in fact, in reality, actually 实际上不行/没有实际上的变化/ 实际上他工作得很出色。
35.	分配	fēnpèi	V	allocate, assign, distribute 分配房子/分配任务/分配教室
36.	商品房	shāngpǐnfáng	N	commercial housing
37.	泡	pào	V	steep, soak 泡好了茶/泡一下衣服/泡在热水里

注释 Notes

1 你看，咱们去李老师家是不是要带点儿礼物呢？

你看： 在口语中，跟别人商量、问别人看法时使用，在提醒别人时也可以使用。例如：

你看 (in your opinion)： It is used in spoken language when consulting with somebody or asking for somebody's opinion. It's also used when reminding somebody of something. For example,

① A：你看，这件事情是不是跟老师商量一下？
B：好吧，咱们去找老师。

② A：你看，今天可能要下雨！
B：那我带上雨伞。

③ A：你看，咱们再多作一些准备好不好？
B：好，我同意！

2 带什么礼物呢？真不知如何是好。

不知如何是好： 表示遇到了复杂的或没有预想到的情况，一时不知道该怎么办。例如：

不知如何是好 (don't know what to do)： It means that one has encountered a very complex or unexpected situation, and does not know what to do for a while. For example,

① A：孩子哭起来没完，弄得妈妈不知如何是好。
B：孩子是不是生病了？

② A：你的身上怎么这么湿？
B：回来的路上突然下雨了，我没带伞，真不知如何是好。

③ A：他怎么这么着急？
B：火车马上就要开了，他才到车站，所以急得不知如何是好。

3 据说中国有一句俗话，叫“礼轻情意重”。

礼轻情意重： 表示礼物虽然不贵重，但是心意很深厚。有时也可以说“礼轻人意重”。例如：

礼轻情意重： It means that although the gift is very trifling, the feeling is profound. Sometimes, it can be replaced by “礼轻人意重”. For example,

① A：中国有句俗话“礼轻情意重”。
B：这说明中国人很看重礼物所代表的心意。

② A：朋友结婚，我应该送什么样的礼物呢？
B：“礼轻情意重”，能表达你的心意最重要。

③ A：是不是送贵重的礼物，别人才会觉得你看得起他？
B：中国人不这么看，中国人认为“礼轻情意重”。

4 好啊，听你的，就这么办！

听你的：表示同意别人的意见，愿意按照别人的想法来做。例如：

听你的 (at your disposal)：It means the speaker agrees with the other party's opinion, and is willing to do as he/she wishes. For example,

① A：咱们先去商店买东西，然后再去看电影，怎么样？
　B：听你的！
② A：咱们怎么安排这次旅游呢？
　B：这次旅游的安排全都听你的！
③ A：今天晚上的活动怎么安排？
　B：我们都听你的，你说怎么做就怎么做。

5 这是我们的一点儿心意，请您收下。

一点儿心意：表示自己的礼物很微小，是送礼物时说的客气话。例如：

一点儿心意 (a little token of one's affection)：It means that the gift is very trifling. It is used as a polite remark when giving someone a gift. For example,

① A：这是我的一点儿心意，请您收下。
　B：来就来吧，还带礼物干什么？
② A：这只是一点儿心意，您别笑话。
　B：你怎么这么客气？还送我礼物。
③ A：这是我的一点儿心意，不成敬意。
　B：你的心意我收下了，礼物太贵重了，还是拿回去吧。

6 你们来就来吧，还带礼物干吗？

……就……吧，……干吗：表示不需要出现另一种行为，在这里是表示客气的一种说法。有时含有不满的语气。“就”的前后要用表示某种行为的动词或动词性短语。“……干吗”之前是伴随前面行为的另一种行为，也可以说成是“干吗……”。例如：

……就……吧，……干吗 (just..., why bother...)：It means that the other action is not needed. It is used to express politeness. Sometimes, an unsatisfied tone is included. The parts before and after “就” are often action verbs or verbal phrases. The part before “干吗” indicates another action which accompanies the former action. We can also use “干吗……” to express the same meaning. For example,

① A：你来就来吧，干吗还带这么多礼物？
　B：我是来谢谢您的。
② A：你写作业就写作业吧，还听音乐干吗？
　B：我习惯了边听音乐边做作业。
③ A：旅游就旅游吧，干吗还带这么多书？
　B：我喜欢在旅游的路上看看书。

7 不是在学校上课，就是去电台、电视台录节目，基本没有时间。

不是……，就是……： 连接两个并列成分，在这里形式上是表示选择，实际上是列举事实，概括说明两种情况。"不是……，就是……"还可以表示选择，有非此即彼的意思。例如：

不是……，就是……(either…or…)： It is used to link two coordinate components. Formally it means making a choice between the two, but actually it lists facts, outlining two situations. It can also be used to make choices, meaning one or the other/black or white. For example,

① A：他不是帮我租房子，就是陪我买东西，帮了我许多忙。
B：那你真应该好好谢谢他。
② A：他学习特别努力。
B：对，课后他不是去图书馆看书，就是在宿舍做作业。
③ A：今天的比赛会怎么样？
B：不是我们赢，就是他们赢，这场比赛一定要有一个结果。

8 李老师，想不到您家的房子这么宽敞。

想不到： 表示现实的状况或发生的事情出乎意料，使人感到吃惊。例如：

想不到(out of expectation)： It means the reality or what has happened is unexpected and surprising. For example,

① A：你觉得丽江的风景怎么样？
B：想不到丽江的风景那么美！
② A：我们才一年没见，想不到你的汉语说得这么好了。
B：这一年我学习汉语学得很努力。
③ A：你怎么提前一个小时出发？
B：这条路经常堵车，想不到会遇到什么情况。

9 光聊天了，也没顾得上让你们喝点儿东西。

没顾得上： 表示没有时间、精力、条件去注意或做某事，表现出了情况的紧急或主观上对另一件事的专注。例如：

没顾得上(couldn't attend to)： It means someone hasn't had the time, energy or qualification to notice or do something. It expresses that the situation has been emergent or the speaker has been preoccupied by something else. For example,

① A：你觉得那里的风景怎么样？
B：我只注意开车了，没顾得上看路边的风景。
② A：你最近去电影院看过电影吗？
B：这一年学习太忙了，没顾得上去电影院看电影。
③ A：你收到我的电子邮件了吗？
B：收到了，但因为正在准备考试，所以没顾得上给你回信。

功能项目 Function Items

功能项目	例　句
1.（用“你看”“怎么样”）进行商量 To consult sb. about sth. (using “你看” or “怎么样”)	① A：你看，咱们去李老师家是不是要带点儿礼物呢？ B：对呀！咱们是第一次去李老师家，带点儿礼物去比较好。 ② A：咱们去商店逛逛，买一件可以表达我们两个人心意的礼物，怎么样？ B：好啊，咱们一起去。
2.（用“也就是说”）进行解释 To explain sth. (using “也就是说”)	① A：“礼轻情意重”的意思是礼物是不是贵重并不重要。 B：对，也就是说，能代表你的心意才是最重要的。 ② A：他今天怎么来上班了？ B：他已经能来上班了，也就是说，他的病已经好了。
3. 同意对方的想法或做法 To approve of the other interlocutor’s opinion or behavior	① A：我觉得送礼物能代表心意就行了。 B：就是，其实送礼物就应该这样。 ② A：咱们一起去买礼物怎么样？ B：好啊，听你的，就这么办！

chūn jié shì zhōng guó zuì zhòng yào de jié rì

9 春节是中国最重要的节日

Spring Festival is the most important festival in China

课文 Text

shān xià mǎ kè wǒ lái zhōng guó yǒu yí duàn shí jiān le kě duì zhōng guó rén jiā
山　下：马克，我来中国有一段时间了，可对中国人家
tíng shēng huó de qíng kuàng hái shi bú tài liǎo jiě qián xiē tiān qù lǐ lǎo
庭生活的情况还是不太了解。前些天去李老
shī jiā zhī hòu bù guǎn zěn me shuō zhī dao le yì xiē kě shì zhōng
师家之后，不管怎么说，知道了一些。可是，中
guó rén guò jié de qíng kuàng wǒ hái shi bú tài qīng chu
国人过节的情况我还是不太清楚。

mǎ kè wǒ lái zhōng guó de shí jiān bǐ nǐ cháng yì diǎnr dàn liǎo jiě de yě bú
马　克：我来中国的时间比你长一点儿，但了解得也不
tài duō wǒ zhǐ néng shì zhe shuō shuo dà duō shù zhōng guó rén hái bǎo liú
太多。我只能试着说说。大多数中国人还保留
zhe guò chuán tǒng jié rì de xí guàn cháng cháng guò chūn jié zhōng qiū jié
着过传统节日的习惯，常常过春节、中秋节、
yuán xiāo jié děng děng qí zhōng zuì zhòng shì de shì chūn jié
元宵节，等等。其中，最重视的是春节。

shān xià nà me tā men wèi shén me zhè me zhòng shì chūn jié ne
山　下：那么，他们为什么这么重视春节呢？

mǎ kè zài zhōng guó chūn jié shì yì nián zhōng zuì zhòng yào de chuán tǒng jié rì yóu
马　克：在中国，春节是一年中最重要的传统节日。由
yú yì jiā rén píng shí dōu hěn máng zhǐ yǒu chūn jié de shí hou cái néng
于一家人平时都很忙，只有春节的时候才能
tuán jù zài yì qǐ yīn cǐ rén men dōu hěn zhòng shì guò chūn jié hěn duō
团聚在一起，因此人们都很重视过春节。很多
rén dōu huì huí lǎo jiā guò jié
人都会回老家过节。

shān xià shì ya yì jiā rén tuán jù shì zuì zhòng yào de guò jié de shí hou rén
山 下：是呀，一家人团聚是最重要的。过节的时候人

men hái zuò shén me
们还做什么？

mǎ kè rén men xiāng hù zhù yuàn zài xīn de yì nián li píng píng ān ān yí qiè
马 克：人们相互祝愿在新的一年里平平安安、一切

shùn lì chú xī wǎn shang quán jiā rén huì zài yì qǐ chī jiǎo zi fàng biān
顺利。除夕晚上全家人会在一起吃饺子，放鞭

pào kàn zhōng yāng diàn shì tái de chūn jié wǎn huì bàn yè fàng biān pào de
炮，看中央电视台的春节晚会。半夜放鞭炮的

shí hou bié tí duō rè nao le zài hěn duō dà chéng shì píng shí bù xǔ
时候，别提多热闹了！在很多大城市，平时不许

zài shì qū fàng biān pào zhòng yào de jié rì cái kě yǐ fàng
在市区放鞭炮，重要的节日才可以放。

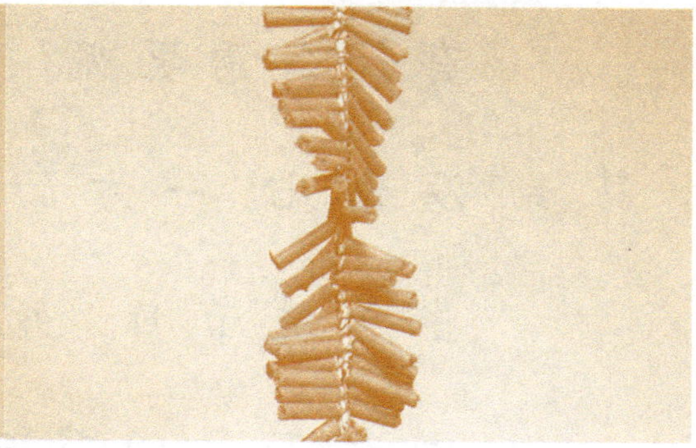

shān xià xiǎng bu dào guò chūn jié shí rén men kě yǐ zuò zhè me duō yǒu yì si de
山 下：想不到过春节时人们可以做这么多有意思的

shì yuán xiāo jié shì zài shén me shí hou ne shì bu shì yě hěn yǒu yì
事。元宵节是在什么时候呢？是不是也很有意

si rén men zài nà tiān zuò shén me
思？人们在那天做什么？

mǎ kè yuán xiāo jié shì zài chūn jié zhī hòu de dì shí wǔ tiān tā bù rú chūn jié
马 克：元宵节是在春节之后的第十五天。它不如春节

nà me zhòng yào dàn yě hěn yǒu yì si rén men zài nà tiān huì chī yuán
那么重要，但也很有意思。人们在那天会吃元

xiāo kàn huā dēng cāi mí yǔ nǐ chī guo yuán xiāo ma
宵、看花灯、猜谜语。你吃过元宵吗？

shān xià wǒ méi chī guo yǐ hòu shuō shén me yě děi chī yí cì duì zhōng guó rén
山 下：我没吃过，以后说什么也得吃一次。对中国人

lái shuō zài guò jié de shí hou chī shén me dōng xi shì bu shì hěn zhòng yào
来说，在过节的时候吃什么东西是不是很重要？

mǎ kè jié rì shí pǐn zài chuán tǒng jié rì li dí què bǐ jiào zhòng yào yīn wèi tā men cháng cháng hé guò jié de fēng sú xí guàn yǒu guān dàn shì xiàn zài rén men bìng bú shì hěn kàn zhòng zhè yì diǎn ér shì gèng kàn zhòng guò jié shí jiā rén de tuán jù
马　克：节日食品在传统节日里的确比较重要，因为它们常常和过节的风俗习惯有关。但是现在人们并不是很看重这一点，而是更看重过节时家人的团聚。

shān xià shì a guò jié jiù shì yào dà jiā yì qǐ guò yí ge rén guò jié hái yǒu shén me yì si ne
山　下：是啊，过节就是要大家一起过，一个人过节还有什么意思呢？

mǎ kè méi cuòr yì fāng miàn rén men hěn xǐ huan guò wǒ gāng cái shuō de zhè xiē chuán tǒng jié rì lìng yì fāng miàn xiàn zài hěn duō nián qīng rén yě xǐ huan guò xī fāng de jié rì xiàng shèng dàn jié qíng rén jié shén me de shuō dào jié rì nǐ men guó jiā de rén zuì zhòng shì shén me jié guò jié de shí hou xǐ huan zuò shén me ne
马　克：没错儿！一方面，人们很喜欢过我刚才说的这些传统节日，另一方面，现在很多年轻人也喜欢过西方的节日，像圣诞节、情人节什么的。说到节日，你们国家的人最重视什么节？过节的时候喜欢做什么呢？

shān xià wǒ men guó jiā zuì zhòng yào de jié rì shì xīn nián yě jiào yuán dàn guò xīn nián de shí hou quán jiā rén yě yào tuán jù zài yì qǐ
山　下：我们国家最重要的节日是新年，也叫“元旦”。过新年的时候全家人也要团聚在一起。

mǎ kè tīng qi lai hǎo xiàng hé shì jiè gè dì guò xīn nián de xí guàn chà bu duō nán dào shuō nǐ men guó jiā méi yǒu shén me tè shū de fēng sú xí guàn ma
马　克：听起来好像和世界各地过新年的习惯差不多。难道说你们国家没有什么特殊的风俗习惯吗？

shān xià suī rán tīng qi lai zhǔ yào de huó dòng dōu chà bu duō dàn zài wǒ men guó
山　下：虽然听起来主要的活动都差不多，但在我们国
jiā lì lái yě yǒu yì xiē tè shū de fēng sú xí guàn bǐ rú xīn nián
家历来也有一些特殊的风俗习惯。比如，新年
qián yì tiān yào jìn xíng dà sǎo chú nà tiān wǎn shang quán jiā yì qǐ chī
前一天要进行大扫除，那天晚上全家一起吃
guò nián de miàn tiáo tīng xīn nián de zhōng shēng yuán dàn nà tiān hái yào qù
过年的面条，听新年的钟声。元旦那天还要去
sì miào qí dǎo xìng fú
寺庙祈祷幸福。

mǎ kè ò nǐ shuō de zhè xiē hěn yǒu yì si wǒ xī wàng yǒu jī huì qù nǐ
马　克：哦，你说的这些很有意思！我希望有机会去你
men guó jiā gèng shēn rù de liǎo jiě nǐ men guó jiā de fēng sú yǐ hòu
们国家，更深入地了解你们国家的风俗。以后
duō gěi wǒ jiè shào jiè shào
多给我介绍介绍。

词语表 Vocabulary

1.	节日	jiérì	N	festival, red-letter day 传统节日/节日风俗/节日祝福
2.	家庭	jiātíng	N	family, household 家庭生活/幸福的家庭/家庭教师
3.	之后	zhīhòu	N	after, afterwards, later 开学之后/生病之后/之后发生的事
4.	保留	bǎoliú	V	keep, retain, hold back, reserve 保留意见/保留习惯/毫无保留
5.	传统	chuántǒng	N	tradition 传统文化/传统服装/保留传统
6.	重视	zhòngshì	V	attach importance to, lay stress on 重视家庭/非常重视/不受重视

7.	只有	zhǐyǒu	Conj	only, alone
				只有春节才能和家人团聚/只有加班才能完成任务/只有用这种办法了
8.	团聚	tuánjù	V	gather together, reunite
				家人团聚/团聚的日子/团聚在一起
9.	老家	lǎojiā	N	native place, old home
				我的老家/回老家/老家的亲人
10.	相互	xiānghù	Adv	mutually, reciprocally
				相互鼓励/相互支持/相互拜年
11.	祝愿	zhùyuàn	V	wish
				祝愿你学习进步！/祝愿大家幸福平安！/祝愿你健康快乐！
12.	顺利	shùnlì	Adj	smooth, successful
				工作顺利/顺利到达/顺利通过考试
13.	除夕	chúxī	N	New Year's Eve, last day of the year
				除夕夜/除夕的钟声/除夕吃饺子
14.	鞭炮	biānpào	N	firecrackers
				放鞭炮/鞭炮声/买鞭炮
15.	晚会	wǎnhuì	N	evening party
				春节晚会/联欢晚会/参加晚会
16.	半夜	bànyè	N	midnight, in the middle of the night
				半夜时分/学习到半夜/半夜三更
17.	热闹	rènao	Adj	busy, bustling, lively
				很热闹/热闹极了/真热闹
18.	不许	bùxǔ	V	not allow, must not
				不许吸烟/不许说话/不许查词典
19.	市区	shìqū	N	city proper, urban district, downtown area
				住在市区/市区很拥挤/市区的房子

20.	元宵	yuánxiāo	N	sweet dumpling made of glutinous rice flour (for the Lantern Festival)
				许多种元宵/吃过元宵/巧克力元宵
21.	花灯	huādēng	N	festive lantern (as displayed during the Lantern Festival)
				看花灯/做花灯/漂亮的花灯
22.	谜语	míyǔ	N	riddle, conundrum
				出个谜语/谜语很难猜/猜谜语很有意思。
23.	食品	shípǐn	N	food, foodstuff
				传统食品/绿色食品/食品卫生
24.	的确	díquè	Adv	indeed, really
				的确很难/的确不方便/的确太累了
25.	风俗	fēngsú	N	social custom
				风俗习惯/少数民族的风俗/介绍风俗
26.	看重	kànzhòng	V	regard as important, value, set store by
				看重学习/看重今后的前途/看重发展的前景
27.	没错儿	méi cuòr		right, correct; surely, certainly
				没错儿，就这么做！/没错儿，你说的很对！/他说的话没错儿！
28.	西方	xīfāng	N	the West, the Occident
				西方国家/西方的传统/西方文化
29.	新年	xīnnián	N	New Year
				新年快乐！/新年礼物/过新年
30.	历来	lìlái	Adv	always, constantly
				历来如此/历来容易/历来重视
31.	扫除	sǎochú	V	clean up, clean, wipe out
				大扫除/天天扫除/扫除障碍
32.	钟	zhōng	N	bell, clock
				钟声/闹钟/敲钟

33.	声	shēng	N	sound, voice, noise 钟声/下雨声/雷声
34.	寺庙	sìmiào	N	temple, monastery 一座寺庙/佛教寺庙/寺庙建筑
35.	祈祷	qídǎo	V	say one's prayers, pray 祈祷幸福/宗教祈祷/祈祷上天
36.	深入	shēnrù	Adj/V	thorough, deepgoing; go deep into, probe into 深入了解/越来越深入/深入人心

专有名词 Proper Nouns

1.	春节	Chūn Jié	Spring Festival
2.	中秋节	Zhōngqiū Jié	Mid-Autumn Festival
3.	元宵节	Yuánxiāo Jié	Lantern Festival
4.	中央电视台	Zhōngyāng Diànshìtái	China Central TV Station
5.	圣诞节	Shèngdàn Jié	Christmas Day
6.	情人节	Qíngrén Jié	Saint Valentine's Day
7.	元旦	Yuándàn	New Year's Day

注释 Notes

1 我只能试着说说。

试着＋动词重叠：“试着”表示尝试做事情的意思，有时后加动词重叠。动词重叠表示短时、尝试，语气比较随便。例如：

试着+ reduplicated V: “试着” means “try”. Sometimes it is followed by a reduplicated verb, indicating a short-time try and carrying a casual mood. For example,

① A：你能介绍介绍中国人过春节的风俗习惯吗？
　B：我试着说说，看看对不对。
② A：不知道在这附近买东西方便不方便？
　B：你试着问问住在这儿的人，也许能了解到一些情况。
③ A：我的词典忘在教室了。
　B：让同学试着找找，看能不能找到。

2 人们相互祝愿在新的一年里平平安安、一切顺利。

相互：表示双方之间进行相同的动作或具有相同的关系，和“互相”意思相同。例如：

相互 (mutually)：It means the two sides are doing the same action or having the same relationship. It has the same meaning as “互相”. For example,

① A：毕业了，同学们相互祝贺和表达离别之情。
　B：这是个让人又激动又伤心的时刻。
② A：咱们俩以后多联系。
　B：对，这样咱们相互之间的关系才会越来越密切。
③ A：你看，我是不是应该找个人跟我一起学习汉语。
　B：对呀，如果你们能够相互帮助，学习效果会更好。

3 半夜放鞭炮的时候，别提多热闹了！

别提(有)多……了：形容程度极高。含有感叹的语气。“多”后边一般是形容词或表示心理活动的动词。例如：

别提(有)多……了 (you can't imagine how... it is)：It is used to emphasize the degree is very high, carrying an exclamation tone. The part after “多” is usually an adjective or a verb describing mental activities. For example,

① A：你昨天去的地方景色怎么样？
　B：那个地方别提有多美了，你没跟我一起去太可惜了！你以后真应该去看看。
② A：你通过了考试，父母很高兴吧？
　B：可不是，他们听说我通过了考试，别提多高兴了！
③ A：这次旅游去的地方太多了，看的我别提有多累了！
　B：看来旅游一次不能去太多的地方。

4 它不如春节那么重要，但也很有意思。

不如：表示比较，其前面的事物比不上后面的事物。例如：

不如 (not as good as)：It compares two things, of which the one before it is not as good as the one after it. For example,

① A：你为什么喜欢去电影院看电影？
　B：有的电影场面比较大，在电视里看不如去电影院看。

② A：为什么还有许多人骑自行车？
　B：也许是因为虽然骑自行车不如开汽车快，可骑自行车比开车方便。
③ A：我的学习方法好像不如他的效果好。
　B：那你就向他学习一下。

5 现在人们并不是很看重这一点，而是更看重过节时家人的团聚。

不是……而是……：连接否定和肯定两个部分，表示并列关系。通过两个部分的对比，使肯定的意思更加突出。例如：

不是……而是…… (not...but...)：It is used to connect a negative part and a positive part, indicating a coordinating relation. The positive part is highlighted by contrast with the negative part. For example,

① A：对不起，是我的问题，这件事情没有办好。
　B：我们不是一定要你道歉，而是希望以后不再出现同样的问题。
② A：你们是不是觉得考试不重要？
　B：我们学习不是为了考试，而是为了获得知识和技能。
③ A：他们来这里参加比赛不想得奖金吗？
　B：他们来这里参加比赛不是为了钱，而是为了证明自己的能力。

6 现在人们并不是很看重这一点，而是更看重过节时家人的团聚。

看重：表示对某个人或事物很重视。例如：

看重：It means to value or set store by someone or something. For example,

① A：你平时最看重什么？
　B：我最看重的是同学们在一起学习时的快乐。
② A：他在公司干得怎么样？
　B：他聪明能干，工作出色，经理很看重他。
③ A：学生常常很看重考试的成绩。
　B：考试成绩当然很重要，但是应该更加重视学习的过程。

7 没错儿！

没错儿：表示对事物作出的判断是对的。口语中常用，语气很肯定。例如：

没错儿 (that's right)：It means the judgement made on something is right. It's often used in spoken language and has a very certain tone. For example,

① A：过节就是要大家一起过，一个人过节还有什么意思呢？
　B：没错儿！你说得很对！
② A：现在很多年轻人喜欢过西方的节日，像圣诞节、情人节什么的。
　B：没错儿！年轻人受西方影响很大。

③ A：在北京春天的时候很容易感冒。
B：你说得没错儿！北京的春天天气常常变化，所以要注意随时加减衣服。

8 说到节日，你们国家的人最重视什么节？

说到：表示提起一个话题或说到什么事情的意思，后面将对这个话题进行进一步的说明。例如：

说到 (at the mention of/as to)：It is used to bring up a topic or subject, which is followed by a further explanation. For example,

① A：说到过节，你知道中国人最重视什么节日吗？
B：我当然知道，就是春节嘛。

② A：说到旅游，你觉得去什么地方比较好呢？
B：那要看每个人喜欢什么样的风景了。

③ A：跟中国人一起吃饭是不是有许多要注意的地方？
B：对，说到请客吃饭，中国人确实有一些特殊的讲究。

9 难道说你们国家没有什么特殊的风俗习惯吗？

难道说：用来加强反问语气。可以用在主语前，也可以用在动词前。句末常有“吗”。还可以只用“难道”，表达时更正式一些。例如：

难道说 (Do you really mean…?)：It is used to strengthen the mood of a rhetorical question. It can be used either before the subject or before the verb. At the end of the sentence, “吗” is often used. We can also say “难道” instead, which is a more formal expression. For example,

① A：难道说这件事情就这么算了？
B：当然不能就这么算了！

② A：你们两人难道说就不能和好吗？
B：可以呀，只要他先跟我道歉就行。

③ A：这件事你可以做，难道我就不能做吗？
B：我没说你不能做啊。

功能项目 Function Items

功能项目	例　句
1. 表示比较 To make a comparison	① 比较的双方不同：A 不如 B A：在中国元旦是不是一个重要的节日？ B：元旦不如春节那么重要。 ② 比较的双方基本一致：A 和 B 差不多 A：你们国家怎么过新年？ B：没什么特别的，和世界各地过新年的习惯差不多。
2.（用“难道（说）……？”）加强反问语气 To emphasize the tone of a rhetorical question (using “难道（说）……？”)	① A：难道说你们国家过新年没有什么特殊的风俗习惯吗？互B：当然有了，比如…… ② A：你难道还有什么不满意吗？ B：我当然有不满意的地方。

10

xué xiào li shì bu shì yǒu hěn duō
学校里是不是有很多
dì fang kě yǐ shàng wǎng
地方可以上网

Is Internet access available in many places on campus

课文 Text

shān xià mǎ kè zán men xué xiào li shì bu shì yǒu hěn duō dì fang kě yǐ shàng wǎng
山下：马克，咱们学校里是不是有很多地方可以上网？

mǎ kè duì tú shū guǎn wǎng bā hái yǒu liú xué shēng gōng yù li de shāng wù zhōng xīn dōu kě yǐ shàng wǎng
马克：对，图书馆、网吧，还有，留学生公寓里的商务中心都可以上网。

shān xià zài zhè xiē dì fang shàng wǎng guì bu guì fāng bu fāng biàn ne
山下：在这些地方上网贵不贵？方不方便呢？

mǎ kè wǒ jué de bú tài guì wǎng bā yì tiān èr shí sì xiǎo shí dōu kě yǐ shàng wǎng hěn fāng biàn qí shí xiàn zài yòng shǒu jī yě kě yǐ zhí jiē shàng wǎng gèng fāng biàn wǒ jué de shàng wǎng shì xiàn zài zuì pián yi zuì fāng biàn de jiāo liú xíng shì zhī yī
马克：我觉得不太贵。网吧一天二十四小时都可以上网，很方便。其实，现在用手机也可以直接上网，更方便。我觉得上网是现在最便宜、最方便的交流形式之一。

shān xià shì a xìn xī zài wǎng luò shang kě yǐ hěn kuài de chuán bō hù lián wǎng
山　下：是啊，信息在网络上可以很快地传播。互联网

shǐ rén men de lián xì gèng jiā mì qiè le hái kuò dà le rén men de jiāo
使人们的联系更加密切了，还扩大了人们的交

jì fàn wéi yīn cǐ shòu dào dà jiā de huān yíng
际范围，因此受到大家的欢迎。

mǎ kè hù lián wǎng de yòng chu duō de bù néng zài duō le bú dàn kě yǐ shōu fā
马　克：互联网的用处多得不能再多了。不但可以收发

diàn zǐ yóu jiàn hái kě yǐ shàng wǎng liáo tiānr wánr wǎng shang yóu
电子邮件，还可以上网聊天儿、玩儿网上游

xì zǒng de lái shuō wǎng luò de yòng tú fēi cháng guǎng fàn tā gǎi biàn
戏。总的来说，网络的用途非常广泛，它改变

le rén men xué xí gōng zuò yǐ zhì shēng huó de fāng shì
了人们学习、工作以至生活的方式。

shān xià duì wǎng luò yě gǎi biàn le rén men yuè dú hé yú lè de fāng shì zài
山　下：对，网络也改变了人们阅读和娱乐的方式。在

wǎng shang kě yǐ chá xìn xī xué zhī shi dú shū hái kě yǐ tīng
网上可以查信息、学知识、读书，还可以听

gē kàn diàn yǐng kàn diàn shì xué xiào li yǒu zhè me duō shàng wǎng de
歌、看电影、看电视。学校里有这么多上网的

dì fang kàn lái zhōng guó dà xué shēng yí dìng yě hěn xǐ huan shàng wǎng
地方，看来中国大学生一定也很喜欢上网。

mǎ kè wǒ yǒu yí ge zhōng guó péng you shì dà xué shēng tā gào su wǒ tā de
马　克：我有一个中国朋友是大学生，他告诉我，他的

tóng xué jī hū tiān tiān dōu shàng wǎng tā men lián yǒu de kè chéng dōu yòng
同学几乎天天都上网，他们连有的课程都用

wǎng luò jìn xíng jiào xué bú guò tā shuō tā men lǎo shī què bù zhǔ
网络进行教学。不过，他说他们老师却不主

zhāng tā men zhěng tiān shàng wǎng
张他们整天上网。

shān xià zhè shì wèi shén me ne shàng wǎng bú shì yǒu hěn duō hǎo chu ma
山　下：这是为什么呢？上网不是有很多好处吗？

mǎ kè shàng wǎng hǎo shì hǎo kě shì shàng wǎng de shí jiān tài cháng le jiù huì
马　克：上网好是好，可是上网的时间太长了，就会

zhàn yòng hěn duō xué xí shí jiān nǐ zuì hǎo yě kòng zhì yí xià shàng wǎng
占用很多学习时间。你最好也控制一下上网

shí jiān bù rán huì dān wu nǐ xué xí hàn yǔ de
时间，不然，会耽误你学习汉语的。

shān xià méi cuòr shàng wǎng tài duō huì yǐng xiǎng xué hàn yǔ wǒ men xiàn zài měi
山　下：没错儿，上网太多会影响学汉语。我们现在每

tiān yào shàng hěn duō kè wǒ shàng wǎng zhǐ hǎo lì yòng kè hòu huò zhōu mò de
天要上很多课，我上网只好利用课后或周末的

shí jiān zhǔ yào shì xiǎng liǎo jiě yí xià guó nèi de qíng kuàng hái yǒu jiù
时间，主要是想了解一下国内的情况。还有，就

shì fā diàn zǐ yóu jiàn gēn guó nèi de péng you lián xi
是发电子邮件，跟国内的朋友联系。

mǎ kè lǎo shī ràng zán men xià kè yǐ hòu duō yòng hàn yǔ liáo tiānr shǎo yòng zì
马　克：老师让咱们下课以后多用汉语聊天儿，少用自

jǐ běn guó de yǔ yán nǐ kě yǐ duō shàng yì xiē hàn yǔ wǎng zhàn kàn
己本国的语言。你可以多上一些汉语网站看

kan zhè duì nǐ xué xí hàn yǔ huì yǒu bāng zhù de
看，这对你学习汉语会有帮助的。

shān xià nǐ shuō de duì wǒ zhào nǐ shuō de qù zuò jiù shì le nǐ hěn shàn yú
山　下：你说得对，我照你说的去做就是了。你很善于

jiǎng dào lǐ jiù xiàng shì wǒ de lǎo shī yí yàng liǎo bu qǐ
讲道理，就像是我的老师一样，了不起！

mǎ kè bié kāi wán xiào le wǒ men shì tóng xué wǒ zhǐ bu guò bǐ nǐ zǎo yì
马　克：别开玩笑了！我们是同学，我只不过比你早一

diǎnr lái dào zhōng guó yě xǔ zàn shí bǐ nǐ duō liǎo jiě yì diǎnr
点儿来到中国，也许暂时比你多了解一点儿

qíng kuàng nǐ yǐ hòu duì zhōng guó de liǎo jiě yě huì yì tiān bǐ yì tiān
情况。你以后对中国的了解也会一天比一天

duō de
多的。

词语表 Vocabulary

1.	上网	shàng wǎng	V//O	surf the Internet
			每天上网/在宿舍上网/上网玩儿游戏	
2.	图书馆	túshūguǎn	N	library
			去图书馆/在图书馆/数字图书馆	
3.	网吧	wǎngbā	N	Internet bar
			一家网吧/在网吧上网/去网吧	
4.	商务	shāngwù	N	commercial affairs, business affairs
			商务中心/商务活动/商务舱	
5.	中心	zhōngxīn	N	centre
			游戏中心/会议中心/中心花园	
6.	手机	shǒujī	N	cell phone
			一部手机/新手机/手机号码	
7.	直接	zhíjiē	Adj	direct, immediate
			直接去飞机场/直接参加考试/有直接的影响	
8.	形式	xíngshì	N	form, shape, mode
			书写形式/内容和形式/不能只是看重形式	
9.	信息	xìnxī	N	information, news
			信息时代/收集信息/商业信息	
10.	网络	wǎngluò	N	Internet, web, network
			网络互动游戏/网络时代/网络发展得很快	
11.	传播	chuánbō	V	circulate, disseminate, spread
			传播消息/迅速传播/传播疾病	
12.	互联网	hùliánwǎng	N	Internet
			互联网很方便/互联网的应用/互联网公司	
13.	密切	mìqiè	Adj	close, intimate
			关系很密切/密切合作/更加密切	

14. 扩大 kuòdà V enlarge, expand, extend
扩大服务范围/扩大影响/扩大词汇量

15. 交际 jiāojì V social intercourse, communication
交际能力/交际活动/跨文化交际

16. 范围 fànwéi N scope, limits, range
范围很广/生活范围/考试范围

17. 受 shòu V receive, accept, suffer, endure
受欢迎/受批评/受教育

18. 用处 yòngchu N use, utility
有许多用处/用处不大/外语的用处

19. 游戏 yóuxì N recreation, game
网络游戏/玩儿游戏/游戏的玩儿法

20. 用途 yòngtú N use, purpose, application
用途广泛/多种用途/实际用途

21. 广泛 guǎngfàn Adj extensive, wide-ranging, widespread
广泛的影响/广泛使用/内容广泛

22. 改变 gǎibiàn V change, convert
改变学习方法/改变计划/没有改变

23. 以至 yǐzhì Conj down to, up to
一次、两次、以至很多次/一个月、两个月、以至全年/现在以至今后

24. 阅读 yuèdú V read
阅读习惯/阅读文章/他很喜欢阅读。

25. 娱乐 yúlè V amusement, entertainment, recreation
娱乐场所/娱乐活动/好好娱乐一下

26. 课程 kèchéng N course, curriculum
三种课程/学习了许多课程/网络课程

27.	主张	zhǔzhāng	V	advocate, stand up for 主张少上网/主张保护环境/主张不抽烟
28.	占用	zhànyòng	V	occupy 占用学习时间/占用土地/被人占用
29.	控制	kòngzhì	V	control, dominate, command 控制时间/控制范围/控制情绪
30.	不然	bùrán	Conj	or (else), otherwise, if not 不然，你会后悔的！/不然，就别去了！/不然，就没时间了。
31.	利用	lìyòng	V	make use of, utilize 充分利用/废物利用/利用有利条件
32.	国内	guó nèi		domestic, internal, home 国内情况/国内比赛/回到国内
33.	本	běn	Pr	one's own, native 本国/本人/本校
34.	网站	wǎngzhàn	N	website 学校的网站/网站的网址/那个网站
35.	照	zhào	Prep	according to, in conformity with 照你说的做/照规定办/照现在的情况看
36.	善于	shànyú	V	be good at, be adept in 善于学习/善于讲道理/善于交往
37.	了不起	liǎobuqǐ	Adj	amazing, terrific 很了不起/真了不起/没什么了不起
38.	暂时	zànshí	N	temporarily, transiently, for the time being 暂时没能完成/暂时不能回来/暂时落后

注释 Notes

1 我觉得上网是现在最便宜、最方便的交流形式之一。

……之一：表示"是……中的一个"。在这里"之"表示"的"的意思，但是不能换用"的"字。例如：

……之一 (one of…)："之" means the same as "的", but here it cannot be replaced by "的". For example,

① A：我没想到上网还有这样的好处。
B：这还只是上网的许许多多好处之一。

② A：你知道吗？我们学校的足球队得到了冠军，我是队员之一。
B：祝贺你们！你足球一定踢得很不错。

③ A：你为什么这么重视口语课？
B：因为口语是语言基本技能之一。

2 互联网的用处多得不能再多了。

Adj+得不能再+Adj+了：强调程度很高，达到了极点。这个结构中一般使用相同的形容词，带有夸张的语气，有时也可以用于讽刺。例如：

Adj+得不能再+Adj+了 **(can't be more…)**: It emphasizes that the degree is so high that it reaches the extreme. In general, the two adjectives used in this structure are the same, showing an exaggerative or ironic mood. For example,

① A：今天的天气真不错！
B：今天的天气真是好得不能再好了。

② A：你知道吗？那个地方的景色美得不能再美了。
B：是吗？找时间我也去看看。

③ A：那边的房子好像很不错。
B：那儿的房子是我们这个地区最贵的房子，贵得不能再贵了！

3 总的来说，网络的用途非常广泛。

总的来说：表示从整体或主要的方面分析、总结。例如：

总的来说 **(in summary/in all)**: It means to analyze or summarize the whole or the main parts. For example,

① A：现在人们上网的情况怎么样？
B：总的来说，上网的人一天比一天多，网吧也越来越多。

② A：这几年冬天天气好像越来越暖和了。
B：对，总的来说，全球的气候都在变暖。

③ A：老师，我们这次考试的情况怎么样？

B：虽然这次考试的题目比较难，但是总的来说，同学们这次考试考得都很不错。

4 网络的用途非常广泛，它改变了人们学习、工作以至生活的方式。

以至：有“直到”的意思，一般表示从小到大，从少到多，从浅到深，从低到高，有时也可用在相反方向的表达。连接的成分不止两项时，用在最后两项之间。例如：

以至 (down to)：It has the meaning of “直到” (up to). Generally it means from small to big, from little to much, from shallow to deep, or from bottom to top. Sometimes, it can be used to indicate an opposite direction. When there are more than two items concerned, it is used between the last two items. For example,

① A：现在天气越来越热了。

B：是呀，气候变暖会影响现在以至今后很长时间的天气。

② A：我怎么总是听不懂呢？

B：听一遍不懂，就听两遍、三遍以至很多遍，总会听懂的。

③ A：这个方法太好了，一下子提高了我们的工作效率。

B：是啊，用了这个方法以后，工作效率提高了几倍以至十几倍。

5 上网好是好，可是上网的时间太长了，就会占用很多学习时间。

A 是 A：表示让步，有“虽然”的意思。“是”的前后是相同的动词或形容词。常用于前一个分句，后一个分句常用“但是”、“可是”等表示转折的连接词。例如：

A 是 A：It indicates a concession, having the meaning of “though/although”. The same verb or adjective is used before and after “是”. This structure is often used in the previous clause of a sentence, while in the latter clause, an adversative conjunction such as “但是” or “可是” is often used. For example,

① A：学习汉语的好办法有是有，不知道你想不想照着去做？

B：我当然想，你快说说，是什么好办法？

② A：那个餐厅的饭菜怎么样？

B：那个餐厅的饭菜贵是贵，可是味道确实不错。

③ A：那个考试难吗？

B：那个考试难是难，但还是有许多人通过了考试。

6 你最好也控制一下上网时间，不然，会耽误你学习汉语的。

不然：表示“如果不这样”的意思。用来连接两个句子，用在后一个分句的句首，后一个分句表示不这样做的结果，常为不好的后果。也可以说“要不然”，后面还可以带“的话”，组成“不然的话”、“要不然的话”。例如：

不然 (otherwise)：It means “if not”. It is used to link two clauses and is put at the beginning of the latter clause, which expresses the result, usually a bad result. We can also say “要不然”. “的话” can be added, forming “不然的话” and “要不然的话”. For example,

① A：今天天气很冷，多穿点儿衣服，不然的话，你会感冒的！
B：好，我一定多穿衣服。
② A：晚上早点儿睡，早上才能早点儿起床，要不然，你又会迟到！
B：我今天一定早点儿睡。
③ A：你得早点儿走，不然，赶上堵车，你可就不能按时到机场了。
B：听你的，我马上就走。

7 你说得对，我照你说的去做就是了。

……就是了：表示事情很简单，按照前面的要求去做。例如：

……就是了：It indicates that the matter is very easy and can be handled just as required previously. For example,

① A：你为什么不按照我说的去做？
B：别生气！我什么事情都按照你说的去做就是了！
② A：你们照这个办法去做就是了，肯定没问题。
B：那好，我们就照这个办法去做。
③ A：老师，我们想去看看您。
B：你们来就是了，一定不要再带什么礼物。

8 我们是同学，我只不过比你早一点儿来到中国。

只不过：表示"仅仅是"的意思。有轻微的转折。跟"只是"、"不过"意思差不多，但语气稍微加重一些。例如：

只不过 (only)：It means "仅仅是". It indicates a slight transition in meaning. It is similar to "只是" and "不过", but has a stronger tone. For example,

① A：你很了解那里的情况嘛。
B：我只不过比你多了解一点儿情况。
② A：他是不是喝醉了？
B：他只不过喝了一点儿酒，没有醉！
③ A：这件事怎么这么难做？
B：这只不过是个开始，更难的还在后边呢！

功能项目 Function Items

功能项目	例　句
1. 转述别人的话或意见 To relate someone else's words or opinion	① A：你知道中国大学生上网的情况吗？ B：我有一个中国朋友是大学生，他告诉我，他的同学几乎天天都上网。 ② A：他说他们的老师却不主张他们整天上网。 B：这是为什么呢？
2. 用反问的形式强调自己的看法 To emphasize your opinion using a rhetorical question	① A：你为什么整天上网啊？ B：上网不是有很多好处吗？ ② A：上网会不会影响你学习汉语？ B：上网不是也可以学习汉语吗？
3.（用"最好……"）表示劝告 To give advice (using "最好"……)	① A：你最好也控制一下上网时间，不然，会耽误你学习汉语的。 B：好，我一定注意。 ② A：你最好早一点儿准备期末考试。 B：我明天就开始准备。
4.（用"只不过""也许"）表示谦虚 To show modesty (using "只不过" or "也许")	① A：你怎么会知道这么多这里的情况？真了不起！ B：你可别这么说，我只不过比你早一点儿来到中国。 ② A：他好像什么都知道。 B：他工作时间长，也许比你多了解一点儿情况。

11

jīn tiān de shēng rì wǎn huì ràng wǒ
今天的生日晚会让我
zhōng shēng nán wàng
终生难忘

I'll never forget the birthday party today

课文 Text

（今天是山下的生日。马克和他们班的同学在教室里准备了一个生日晚会。准备得差不多了，马克去请山下。）

mǎ kè　shān xià　zán men bān yǒu ge tóng xué jīn tiān guò shēng rì　wǒ men zhǔn bèi
马 克：山下，咱们班有个同学今天过生日，我们准备
jǔ bàn ge shēng rì wǎn huì　xiàng tā biǎo shì zhù hè　jiào shì yǐ jīng bù
举办个生日晚会，向她表示祝贺。教室已经布
zhì de chà bu duō le　nǐ yě qù kàn kan ba
置得差不多了，你也去看看吧。

shān xià　shì ma　jīn tiān shéi guò shēng rì　wǒ zěn me bù zhī dào a
山 下：是吗？今天谁过生日？我怎么不知道啊？

mǎ kè　dào le jiào shì nǐ jiù zhī dao le　wǎn huì mǎ shàng kāi shǐ le　zán men
马 克：到了教室你就知道了。晚会马上开始了，咱们
kuài diǎnr zǒu ba
快点儿走吧！

（山下走进教室，同学们一起为她唱起了生日歌。）

tóng xué　shān xià　zhù nǐ shēng rì kuài lè
同 学：山下，祝你生日快乐！

shān xià　tài yì wài le　méi xiǎng dào zhè shì nǐ men wèi wǒ zhǔn bèi de shēng rì wǎn
山 下：太意外了！没想到这是你们为我准备的生日晚
huì　xiè xie　xiè xie dà jiā zhè me rè xīn　hǎo a　mǎ kè　yuán lái
会。谢谢，谢谢大家这么热心！好啊，马克，原来
rú cǐ　wǒ gāng cái bèi nǐ piàn le
如此，我刚才被你骗了！

mǎ kè bié shēng qì wǒ men zhǐ shì xiǎng gěi nǐ yí ge jīng xǐ

马 克：别生气，我们只是想给你一个惊喜。

shān xià wǒ méi shēng qì qí shí yào shi zǒng néng zhè yàng bèi piàn wǒ dào shì méi yì jiàn nǐ men zhè yàng ān pái tài qiǎo miào le

山 下：我没生气。其实，要是总能这样被骗，我倒是没意见。你们这样安排太巧妙了！

mǎ kè nǐ guǒ rán lián zì jǐ de shēng rì dōu wàng le nǐ kàn tóng xué men bǎ dàn gāo dōu zhǔn bèi hǎo le yào wǒ shuō ya nǐ xiān lái chuī là zhú ba chuī zhī qián bié wàng le xiān xǔ ge yuàn

马 克：你果然连自己的生日都忘了！你看，同学们把蛋糕都准备好了。要我说呀，你先来吹蜡烛吧。吹之前，别忘了先许个愿。

shān xià āi ya nǐ men zhǔn bèi le zhè me piào liang de dà dàn gāo zhè me hǎo de shēng rì wǎn huì wǒ zhēn shì yào duō gǎn dòng yǒu duō gǎn dòng hǎo wǒ mǎ shàng chuī là zhú

山 下：哎呀！你们准备了这么漂亮的大蛋糕，这么好的生日晚会，我真是要多感动有多感动。好！我马上吹蜡烛。

（在山下吹完了蜡烛和同学们一起吃蛋糕的时候，马克走过来问山下。）

mǎ kè nǐ xǔ le shén me yuàn néng bu néng gào su wǒ

马 克：你许了什么愿，能不能告诉我？

shān xià wǒ yí gòng xǔ le sān ge yuàn dì yī xī wàng dà jiā měi tiān dōu xiàng wǒ jīn tiān zhè yàng kuài lè dì èr xī wàng wǒ de fù mǔ shēn tǐ jiàn kāng dì sān xī wàng mǎ kè nǐ zhǎo yí ge bú piào liang de nǚ péng you

山 下：我一共许了三个愿：第一，希望大家每天都像我今天这样快乐；第二，希望我的父母身体健康；第三，希望马克你找一个不漂亮的女朋友。

mǎ kè hǎo a shān xià nǐ bào fu wǒ nǐ xǔ de yuàn li tí dào nǐ fù
马 克：好啊，山下，你报复我！你许的愿里提到你父
mǔ nǐ shì bu shì xiǎng jiā le
母，你是不是想家了？

shān xià zài zhōng guó guò shēng rì wǒ què shí yǒu xiē xiǎng jiā yǐ qián wǒ zài jiā
山 下：在中国过生日，我确实有些想家。以前，我在家
de shí hou dōu shì mā ma wèi wǒ guò shēng rì xiǎng dào zhè xiē xīn li
的时候，都是妈妈为我过生日，想到这些，心里
yǒu diǎnr bú shì zī wèi bú zài fù mǔ shēn biān wǒ hěn xiǎng niàn tā
有点儿不是滋味。不在父母身边，我很想念他
men
们。

mǎ kè méi xiǎng dào nǐ hái zhè me chuán tǒng hé fù mǔ de gǎn qíng zhè me shēn
马 克：没想到你还这么传统，和父母的感情这么深
hòu shì ge xiào shùn de hǎo hái zi
厚，是个孝顺的好孩子。

shān xià āi nǐ yě dǒng de xiào shùn ma
山 下：哎，你也懂得孝顺吗？

mǎ kè nà dāng rán bú guò dōng xī fāng guó jiā xiào shùn de fāng shì kě néng bú
马 克：那当然，不过，东西方国家孝顺的方式可能不
tài yí yàng xiāng duì lái shuō xī fāng rén de xiào shùn kě néng bù rú dōng
太一样。相对来说，西方人的孝顺可能不如东
fāng rén nà me zhí jiē
方人那么直接。

shān xià shì a nǐ shuō de hěn duì suī rán guó jiā mín zú bù tóng dàn rén
山 下：是啊，你说得很对！虽然国家、民族不同，但人
men de xiǎng fǎ shì xiāng tóng huò hěn jiē jìn de jīn tiān de shēng rì wǎn
们的想法是相同或很接近的。今天的生日晚
huì zhēn shì ràng wǒ zhōng shēng nán wàng
会真是让我终生难忘。

mǎ kè qiān wàn bié wàng le tì wǒ wèn hòu nǐ de fù mǔ
马 克：千万别忘了，替我问候你的父母！

词语表 Vocabulary

1.	终生	zhōngshēng	N	one's lifetime, all one's life 终生难忘/牢记终生/终生受益
2.	难忘	nán wàng		unforgettable, memorable 难忘的生活/令人难忘/非常难忘
3.	举办	jǔbàn	V	conduct, hold, run 举办晚会/举办活动/举办运动会
4.	祝贺	zhùhè	V	congratulate 向他祝贺/表示祝贺/祝贺你通过考试。
5.	布置	bùzhì	V	tidy up, arrange, decorate 布置房间/布置得很漂亮/精心布置
6.	意外	yìwài	Adj	unexpected, unforeseen 意外的收获/感到意外/不意外
7.	热心	rèxīn	Adj	warm-hearted, enthusiastic 热心帮助/热心的观众/热心的安排
8.	骗	piàn	V	deceive, cheat, lie 他骗了我/你骗人/被骗了
9.	生气	shēng qì	V//O	take offense, get angry 太让人生气了/别总生他的气/ 老生气对身体不好
10.	惊喜	jīngxǐ	Adj	pleasantly surprised 十分惊喜/惊喜异常/让人觉得惊喜
11.	巧妙	qiǎomiào	Adj	ingenious, smart, clever 回答很巧妙/巧妙的安排/太巧妙了
12.	果然	guǒrán	Adv	as expected, sure enough 果然有大风/果然不出我的预料/ 果然没准备好

13. 蛋糕 dàngāo N cake
一个蛋糕/一块蛋糕/生日蛋糕

14. 吹 chuī V blow, puff
吹蜡烛/吹哨子/吹一口气

15. 蜡烛 làzhú N candle
一根蜡烛/点蜡烛/对着蜡烛吹一口气

16. 许愿 xǔ yuàn V//O make a promise, make a vow, make a wish
许了一个愿/你先许个愿/不要乱许愿

17. 感动 gǎndòng Adj/V moved, touched; move, touch
非常感动/感动得流下眼泪/他的话感动了所有人。

18. 父母 fùmǔ N parents, father and mother
想念父母/孝顺父母/他父母

19. 报复 bàofu V make reprisal, retaliate
你报复我/别报复他/报复没有用

20. 提 tí V put forward, bring up, raise
提到/提建议/提意见

21. 滋味 zīwèi N taste, flavour
心里不是滋味/那种滋味/很有滋味

22. 身边 shēnbiān N at or by one's side, around
父母的身边/身边没有亲人/发生在身边

23. 想念 xiǎngniàn V think of sb. or sth. with nostalgic longing
想念亲人/想念朋友/特别想念

24. 感情 gǎnqíng N feeling, affection, love
感情深厚/表达感情/很有感情

25. 深厚 shēnhòu Adj deep, profound, solid, deep-seated
深厚的感情/基础深厚/深厚的文化积累

26.	孝顺	xiàoshùn	V	show filial obedience 孝顺的孩子/孝顺父母/挺孝顺的/很孝顺
27.	懂得	dǒngde	V	understand, know, grasp 懂得他的意思/懂得很多/懂得这句话
28.	相同	xiāngtóng	Adj	identical, same, in common 目标相同/相同的看法/条件相同
29.	接近	jiējìn	V	be close to, be near, approach 成绩很接近/接近深夜/接近完美
30.	千万	qiānwàn	Adv	must, be sure to 千万别忘了/千万不要害怕他/千万别去
31.	问候	wènhòu	V	send one's respects or regards, extend greetings, send best wishes 问候父母/向……表示问候/节日问候

注释 Notes

1 没想到这是你们为我准备的生日晚会。

没想到：表示自己觉得有些意外，事先没有能够料想得到。例如：

没想到 (did not expect)：It means that something is out of expectation and has not been predicted in advance. For example,

① A：没想到你们这么快就到了。
　B：我们提前出发了。

② A：同学们都没想到学校为他们准备了这么好的一个新年联欢晚会。
　B：是啊，学校今年改变了做法，和以前完全不一样了。

③ A：我没想到期末考试要考这么多内容，我还没准备好呢！
　B：你现在抓紧准备，还来得及。

2 好啊，马克，原来如此，我刚才被你骗了！

原来如此：“原来”表示发现了以前不知道的情况，有突然明白了的意思。“如此”有“是这样”的意思。例如：

原来如此 (that's how it is)：“原来”means that one suddenly finds out something that was unknown.“如此”means “like this / that”. For example,

① A：路上堵车，所以来晚了，对不起。
   B：原来如此，没关系，我还以为你今天不来了呢。
② A：听说他父母都是篮球运动员。
   B：原来如此，怪不得他这么高！
③ A：我学好汉语以后，打算去中国的许多地方旅游。
   B：原来如此，你是为了旅游方便才学习汉语呀！

3 你果然连自己的生日都忘了！

果然：表示事实与所说的或所料想的相符合。可以用在谓语动词、形容词之前，也可以用在主语之前。例如：

果然 (as expected, really)：It indicates the agreement between the fact and what's expected. It can be used before the predicate verb, an adjective or the subject. For example,

① A：他最近学习进步很快。
   B：经过不断地努力，他的学习成绩果然上去了。
② A：事情很紧急，需要他们马上来帮忙，他们果然连饭也没吃就来了。
   B：咱们真该好好谢谢他们。
③ A：外面好像下雨了。
   B：我一直担心今天天气会不好，果然就下雨了。

4 我真是要多感动有多感动。

要多……有多……：表示程度达到了极点。“要多”和“有多”后面所用的词语常为相同的动词、形容词。例如:

要多……有多…… (cannot be more...)：It means the degree reaches the highest point. The words after“要多”and“有多”are usually the same verb or adjective. For example,

① A：冬天什么地方比较冷？
   B：你去过哈尔滨吗？那儿冬天的天气要多冷有多冷。
② A：听说她考上了一所好大学。
   B：对，她考上了名牌大学，她父母要多高兴有多高兴。
③ A：你现在觉得怎么样？
   B：我病得很厉害，要多难受有多难受。

5 想到这些，心里有点儿不是滋味。

心里不是滋味：表示心里有伤心、失望、嫉妒、尴尬等多种复杂的情绪。例如：

心里不是滋味：It means one is sad, depressed, jealous or embarrassed, etc. For example,

① A：得知他们失利的消息，我的心里也很不是滋味。
　B：那你好好去安慰安慰他们。
② A：他一生气连饭也没吃就走了，弄得我心里挺不是滋味。
　B：也许他过一会儿就回来了。
③ A：比赛输了，队员们心里都非常不是滋味。
　B：不要紧，下一次比赛再赢回来。

6 相对来说，西方人的孝顺可能不如东方人那么直接。

相对来说：表示经过比较以后得出某一结论。例如：

相对来说 (comparatively speaking)：It indicates that a certain conclusion is made by comparison. For example,

① A：这里的房子为什么这么贵？
　B：因为是在市区，所以房价相对来说比较贵。
② A：汉字太难写了，我觉得汉语的各种技能中，相对来说，写汉字是最难的。
　B：没办法，这只有多练习才行。
③ A：她学的专业很好，相对来说，找工作的时候会容易一些。
　B：专业确实很重要。

功能项目 Function Items

功能项目	例　句
1. 用询问的句式表示感到奇怪 To show surprise in an interrogative form	① A：我们举办了一个生日晚会。 B：是吗？今天谁过生日？ ② A：明天有一个重要的会议。 B：我怎么不知道啊？
2.（用“快点儿……”）表示催促 To ask sb. to hurry up (using “快点儿”)	① A：晚会马上开始了，咱们快点儿走吧！ B：好，我就来！ ② A：你快点儿来吧，我们都等着你哪！ B：路上有点儿堵车，我快要到了。

功能项目	例句
3.（用“好啊”）表示突然明白了 To show a sudden realization (using “好啊”)	① A：你怎么连自己的生日都忘了？ B：好啊，马克，原来如此，我刚才被你骗了！ ② A：我希望你找一个不漂亮的女朋友。 B：好啊，山下，你报复我！
4.（用“这么”“那么”）表示强调 To show emphasis (using “这么” or “那么”)	① A：你们准备了这么漂亮的大蛋糕，这么好的生日晚会，我真是要多感动有多感动。 B：来，快吹蜡烛吧。 ② A：我觉得到了老年真是可怕。 B：真有那么可怕吗？
5.（用“第一……；第二……；第三……”）表示列举 To enumerate items (using the structure “第一……；第二……；第三……”)	① A：你许了什么愿，能不能告诉我？ B：我一共许了三个愿：第一，希望大家每天都像我今天这样快乐；第二，希望我的父母身体健康；第三，希望马克你找一个不漂亮的女朋友。 ② A：你觉得怎样才能学好汉语？ B：第一，上课要注意听讲；第二，课后要多说写练；第三，最好多交些中国朋友。

12

wǒ jué de péi yǎng hái zi de xìng qù
我觉得培养孩子的兴趣
zuì zhòng yào
最重要

I think it is most important to cultivate children's interest

课文 Text

shān xià lǐ lǎo shī nín shuō de zhōng guó rén jiào yù hái zi de qíng kuàng hěn
山　下：李老师，您说的中国人教育孩子的情况很

yǒu yì si nín néng shuō shuo nín zì jǐ jiào yù hái zi de jīng yàn ma
有意思。您能说说您自己教育孩子的经验吗？

lǐ lǎo shī wǒ yě méi yǒu shén me tè bié de jīng yàn wǒ jué de péi yǎng hái zi
李老师：我也没有什么特别的经验，我觉得培养孩子

de xìng qù zuì zhòng yào bú yào qiǎng pò tā xué xí zì jǐ bù xǐ huan
的兴趣最重要。不要强迫他学习自己不喜欢

de dōng xi yào yǔn xǔ tā zuò zì jǐ xǐ huan de shì qing
的东西，要允许他做自己喜欢的事情。

mǎ kè kài lái nín hái tǐng mín zhǔ de wǒ gǎn shuō zhǐ yào hái zi zuò zì jǐ
马　克：看来您还挺民主的。我敢说，只要孩子做自己

xǐ huan de shì qing méi yǒu jī jí xìng cái guài ne nà zài hái zi de
喜欢的事情，没有积极性才怪呢。那在孩子的

chéng zhǎng guò chéng zhōng tā zuò shén me nín dōu bù guǎn le ma
成长过程中，他做什么您都不管了吗？

lǐ lǎo shī wǒ huì zài bèi hòu zhī chí tā yí dàn hái zi zì jǐ zuò chū le xuǎn
李老师：我会在背后支持他。一旦孩子自己作出了选

zé wǒ jiù huì yāo qiú tā yí dìng yào jiān chí xia qu jiù xiàng nǐ men
择，我就会要求他一定要坚持下去。就像你们

yí yàng jì rán xuǎn zé le xué xí hàn yǔ jiù yí dìng yào xué xia qu
一样，既然选择了学习汉语，就一定要学下去。

mǎ kè kě bu shì ma wǒ men yě shì zhè me xiǎng de kě shì xué xí hàn yǔ
马　克：可不是嘛，我们也是这么想的。可是学习汉语

hěn nán wǒ men de fù dān hěn zhòng yào qǔ dé hǎo chéng jì hěn bù róng
很难，我们的负担很重，要取得好成绩很不容
yì ya zhōng guó hái zi de xué xí fù dān shì bu shì yě hěn zhòng
易呀！中国孩子的学习负担是不是也很重？

lǐ lǎo shī tā men de fù dān dí què hěn zhòng yào xué xí de dōng xi duō de shì
李老师：他们的负担的确很重，要学习的东西多的是。
shēng zhōng xué kǎo dà xué jìng zhēng dōu hěn jī liè ér qiě duō shù
升中学、考大学，竞争都很激烈。而且，多数
hái zi de fù mǔ hái bù tíng de
孩子的父母还不停地
ràng tā men zài kè hòu xué zhè xué
让他们在课后学这学
nà tā men yào xué yīn yuè
那。他们要学音乐、
xué měi shù xué yīng yǔ kě
学美术、学英语。可

shì zhè yàng zuò hái zi bù yí dìng zhēn néng biàn chéng yǒu yòng de rén cái
是这样做孩子不一定真能变成有用的人才。

shān xià hái zi yào xué xí zhè me duō tài xīn kǔ le tā men de fù mǔ wèi
山　下：孩子要学习这么多，太辛苦了！他们的父母为
shén me ràng tā men xué zhè me duō ne
什么让他们学这么多呢？

lǐ lǎo shī kě néng shì fù mǔ men zì jǐ méi néng shòu dào hěn hǎo de jiào yù jiù
李老师：可能是父母们自己没能受到很好的教育，就
bǎ xī wàng jì tuō zài hái zi de shēn shang
把希望寄托在孩子的身上。

mǎ kè kě shì hái zi dào dǐ yuàn bu yuàn yì ne wǒ jué de tā men hěn kě
马　克：可是孩子到底愿不愿意呢？我觉得他们很可
lián hěn tóng qíng tā men yào xué xí zhè me duō dōng xi tā men hái
怜，很同情他们。要学习这么多东西，他们还
néng guò de kuài lè ma
能过得快乐吗？

lǐ lǎo shī xǔ duō fù mǔ rèn wéi hái zi de qián tú gèng zhòng yào méi kǎo lǜ dào
李老师：许多父母认为孩子的前途更重要，没考虑到
hái zi de kuài lè yì fāng miàn fù mǔ jué de bǎ hái zi jiào yù hǎo
孩子的快乐。一方面父母觉得把孩子教育好

shì tā men de zé rèn lìng yì fāng miàn shè huì fā zhǎn le jìng zhēng
是他们的责任；另一方面社会发展了，竞争

gèng jiā jī liè shòu dào hǎo de jiào yù jīn hòu de jī huì kě néng gèng
更加激烈，受到好的教育今后的机会可能更

duō nǐ men de fù mǔ shì zěn me zuò de ne
多。你们的父母是怎么做的呢？

shān xià zài wǒ men guó jiā yǐ qián fù mǔ yě fēi cháng zhòng shì hái zi de jiào
山　下：在我们国家，以前父母也非常重视孩子的教

yù tè bié shì mā ma xiàn zài suí zhe shè huì de fā zhǎn qíng
育，特别是妈妈。现在，随着社会的发展，情

kuàng yǒu le yì xiē biàn huà bú guò fù mǔ hái shi tǐng zhòng shì jiào yù de
况有了一些变化。不过，父母还是挺重视教育的。

mǎ kè wǒ de fù mǔ bú shì zhè yàng tā men bǎ wǒ de xìng qù kàn de gèng
马　克：我的父母不是这样，他们把我的兴趣看得更

zhòng yào wǒ xǐ huan de shì qing wú lùn shì shén me tā men dōu bú
重要。我喜欢的事情无论是什么，他们都不

huì fǎn duì dāng rán wǒ zì jǐ yě yào nǔ lì xué xí zhè gēn wǒ
会反对。当然，我自己也要努力学习，这跟我

de qián tú hěn yǒu guān xi
的前途很有关系。

lǐ lǎo shī duì ya xué xí hàn yǔ jiù gēn nǐ men de qián tú dà yǒu guān xi kě
李老师：对呀，学习汉语就跟你们的前途大有关系。可

gēn jù wǒ de guān chá nǐ men de xué xí yā lì sì hū méi yǒu zhōng
根据我的观察，你们的学习压力似乎没有中

guó xué shēng dà
国学生大。

mǎ kè lǎo shī nǎ lǐ lǎo shi shuō tóng xué men de yā lì yě hěn dà
马　克：老师，哪里，老实说，同学们的压力也很大，

wǒ men xué xí dōu hěn kè kǔ hàn yǔ hěn bù róng yì xué hǎo bú yòng
我们学习都很刻苦。汉语很不容易学好，不用

gōng xué xí shì gēn běn bù xíng de
功学习是根本不行的。

lǐ lǎo shī nǐ men dōu shì hǎo xué sheng hàn yǔ néng xué de zhè yàng hǎo què shí bù
李老师：你们都是好学生，汉语能学得这样好确实不

róng yì dàn nǐ men hái yào jì xù nǔ lì ya
容易。但你们还要继续努力呀。

shān xià lǎo shī nín fàng xīn ba wǒ men yí dìng huì gèng jiā nǔ lì xué xí
山 下：老师您放心吧！我们一定会更加努力学习！

词语表 Vocabulary

1.	培养	péiyǎng	V	nurture, foster, train	培养孩子/培养人才/精心培养
2.	教育	jiàoyù	V/N	educate; education	教育孩子/教育事业/义务教育
3.	经验	jīngyàn	N	experience	有经验/积累经验/经验丰富
4.	强迫	qiǎngpò	V	force, compel, coerce	强迫孩子学习/不要强迫他/不能强迫
5.	允许	yǔnxǔ	V	allow, permit	允许孩子做喜欢的事情/得到允许/不允许
6.	民主	mínzhǔ	Adj	democratic	做事民主/民主的做法/民主的选举
7.	积极性	jījíxìng	N	zeal, initiative, enthusiasm	产生积极性/具备积极性/积极性应当鼓励
8.	成长	chéngzhǎng	V	grow up, grow to maturity	成长过程/健康成长/成长为一名优秀教师
9.	过程	guòchéng	N	course, process	形成过程/重视过程/全过程
10.	背后	bèihòu	N	behind, at the back, behind sb.'s back	图书馆的背后/山背后/在背后支持

11.	支持	zhīchí	V	support, stand up for 支持他/非常支持/互相支持
12.	一旦	yídàn	Adv	once, in case 一旦分手，我会想念你的。/ 一旦有事，千万要给我打电话。/ 一旦不行，你一定帮帮我。
13.	选择	xuǎnzé	N/V	choice; choose 作出选择/选择题/选择专业
14.	坚持	jiānchí	V	persist or persevere in, insist on, stick or adhere to 坚持下去/坚持工作/贵在坚持
15.	既然	jìrán	Conj	since, as, now that 既然天气不好，就别去了。/ 既然你不说，我也不想知道。/ 既然已经考完了，就可以好好休息一下了。
16.	负担	fùdān	N	burden, load, strain 学习负担/心理负担/减轻负担
17.	升	shēng	V	move upward, rise 升中学/升上去/升班
18.	竞争	jìngzhēng	V	compete, vie, contend 竞争是件好事/竞争激烈/没有竞争
19.	激烈	jīliè	Adj	intense, sharp, fierce, acute 激烈的比赛/激烈地竞争/激烈地反抗
20.	美术	měishù	N	fine arts, art, painting 学习美术/美术作品/美术展览
21.	不一定	bù yídìng		uncertain, not sure, not necessarily so 不一定能去/钱不一定够/不一定同意
22.	人才	réncái	N	talented person 培养人才/人才很重要/优秀的人才

23.	辛苦	xīnkǔ	Adj	hard, toilsome, laborious 非常辛苦/辛辛苦苦/不怕辛苦
24.	寄托	jìtuō	V	place (hope, etc.) on, find sustenance in 寄托希望/寄托理想/寄托在你身上
25.	到底	dàodǐ	Adv	*used in an interrogative sentence for emphasis* 他到底是谁?/你到底要送什么礼物?/你到底听懂了没有?
26.	可怜	kělián	Adj	pitiful, pitiable, poor 可怜的孩子/很可怜/可怜的境况
27.	同情	tóngqíng	V	sympathize with, show sympathy for 同情他的遭遇/值得同情/同情弱者
28.	前途	qiántú	N	future, prospect 发展前途/没有前途/前途无量
29.	责任	zérèn	N	duty, responsibility, blame 责任重大/负有责任/父母的责任
30.	社会	shèhuì	N	society 社会发展/现代社会/信息社会
31.	随着	suízhe	Prep	along with, following 随着社会的发展/随着天气的变化/随着学习的深入
32.	根据	gēnjù	Prep	according to, on the ground of 根据你的看法/根据我的了解/根据电视的报道
33.	观察	guānchá	V	observe, watch 仔细观察/观察周围的事物/注意观察
34.	压力	yālì	N	pressure, strain 学习压力/压力很大/没有压力

35.	似乎	sìhū	Adv	it seems that, as if, seemingly 他似乎明白这个词的意思，但又不太会用。/天这么阴，似乎要下雨了。
36.	老实	lǎoshi	Adj	honest, frank, well-behaved 说老实话/太老实了/老实人
37.	刻苦	kèkǔ	Adj	assiduous, hardworking, painstaking 很刻苦/刻苦地学习/刻苦努力
38.	用功	yònggōng	Adj	hardworking, diligent, studious 非常用功/用功地学习/用功的结果

注释 Notes

1 我敢说，只要孩子做自己喜欢的事情，没有积极性才怪呢。

我敢说： 插入语，表示说话人有把握得出某种结论或作出某种判断，下文就说出这种结论或判断。"我敢说"之后多有停顿，前面可以有状语。例如：

我敢说 (I dare say)： It is a parenthesis meaning that the speaker is sure of the conclusion or judgement to be mentioned. There is often a pause after "我敢说" and sometimes an adverbial adjunct before it. For example,

① A：我现在去行不行？
B：我敢说，现在一定堵车呢，你晚一点儿再去吧。

② A：你的汉语水平到底怎么样？
B：我敢说，现在我通过HSK考试五级没什么问题。

③ A：你熟悉中国的情况吗？
B：现在我敢说，我对中国已经有了一定的了解。

2 没有积极性才怪呢。

……才怪呢： 表示不相信在某种情况下会有所希望的结果。前面可以是对希望出现的结果的肯定陈述，也可以是对不希望出现的结果的否定陈述。"呢"有时可以省略。例如：

……才怪呢： It is used to negate what is said before, meaning that one doesn't believe the result will come out as expected under certain condition. Before the expression, there may be a positive statement of the expected result or a negative statement of the undesirable result. “呢” sometimes can be omitted. For example,

① A：如果学习不努力，将来能够找到好的工作才怪呢。
B：我学习挺好的，找到好工作应该没问题。
② A：你这么晚才起床，不迟到才怪呢。
B：我不吃饭了，马上就走，一定来得及。
③ A：他好像越来越胖了。
B：他每天都吃这么多东西，又不运动，不变胖才怪呢。

3 一旦孩子自己作出了选择，我就会要求他一定要坚持下去。

一旦……，就……： 表示假设关系。多用于新情况的出现或假设有一天发生新的情况。“一旦”可用在主语前面或后面。例如：

一旦……，就…… (as soon as)： It indicates a suppositional relation. It is mostly used when a new condition appears or to suppose a new condition will appear some day. “一旦” can be used before or after the subject. For example,

① A：你还是早点儿走吧，一旦遇到堵车，就会赶不上火车了。
B：我收拾好了马上就走。
② A：你去买一个闹钟吧，没有闹钟，一旦睡过头了，就会迟到的。
B：好，那我去买一个。
③ A：这种方法真的那么有效吗？
B：人们一旦掌握了这种方法，就可以迅速提高工作效率。

4 既然选择了学习汉语，就一定要学下去。

既然……，就……： 表示推论因果关系，前一分句提出已成为现实的或已肯定的前提，后一分句根据这个前提推出结论。多用于口语。例如：

既然……，就…… (now that)： It indicates an inferential relation of cause and effect. The previous clause proposes a premise which has already become true or is sure of, while the latter clause makes an inference based on the premise. The expression is often used in spoken language. For example,

① A：你既然有病，就好好休息吧。
B：那我就不去了，你替我请假吧。
② A：你既然来了，就别走了，咱们一起吃吧。
B：太谢谢了，那我就不客气了。
③ A：既然还有时间，咱们就再多练习练习。
B：好，我同意，咱们现在就开始吧。

5 可不是嘛，我们也是这么想的。

可不是嘛： 用反问的形式表示很赞同对方的话。也可以说“可不是”或“可不”。例如：

可不是嘛 (exactly)： It is a form of rhetorical question which is used to support or agree to the other interlocutor's words. We can also use “可不是” or “可不” to express the same meaning. For example,

① A：过春节的时候一定很热闹吧。
B：可不是嘛，过春节的时候人们会做很多有意思的事情。
② A：已经是秋天了，可是天气还是这么热。
B：可不是，我还穿着夏天的衣服呢。
③ A：咱们现在学习的内容越来越难了。
B：可不，咱们现在只有更多地练习才行。

6 多数孩子的父母还不停地让他们在课后学这学那。

V这V那： “这”、“那”泛指很多的事物，并不确定地指某人或某事物，与动词搭配，表示动词所涉及到的事物很多。例如：

V这V那： “这” and “那” refer to a lot of things in general rather than a specific person or thing. When it is used together with a verb, it indicates that the verb involves a number of things. For example,

① A：他到了那里以后，看看这看看那，觉得什么都很新鲜。
B：因为他是第一次出国嘛。
② A：你们下午在一起做了什么？
B：我们在一起聊天儿，说这说那的，讲了不少事情。
③ A：你和妈妈好久没见了吧？
B：对，她拉着我的手，关心地不停地问这问那。

7 现在，随着社会的发展，情况有了一些变化。

随着： 表示伴随着句中某种情况的出现，会出现另外的情况，或事情有某种变化。例如：

随着 (with)： It means that with the appearance of a certain situation, another situation will take place or something will have a certain change. For example,

① A：人们好像比以前更重视保护环境了。
B：是呀，随着环境污染的日益严重，人们越来越重视保护环境了。
② A：你好像对中国很了解。
B：随着我汉语水平的提高，我对中国的了解也越来越多。
③ A：中国人的生活现在怎么样？
B：随着经济的不断发展，人们的生活已经越来越好了。

8 我自己也要努力学习，这跟我的前途很有关系。

跟……有关系： 当表示某人或某事物与其他人或事物有关系时，要把这个人或事物与介词“跟”一起放在“有关系”的前面。例如：

跟……有关系 (have to do with...)： It is used to mean somebody or something has some relationship with another person or thing. The order of words should be “sth./sb.＋跟＋sth./sb.＋有关系”. For example,

① A：我运气不太好，做事情老是不顺利。
B：事情做得好不好，跟你是不是认真去做很有关系。

② A：你怎么不太关心这件事？
B：这件事情跟我没有关系，我当然不会关心它。

③ A：我觉得平时的学习不重要，考试前多准备，成绩就会好了。
B：我不这么认为，考试的成绩当然跟平时的学习有关系。

9 老师，哪里，老实说，同学们压力也很大。

哪里： 表示事实与对方说的不符。常用在答句中。例如：

哪里 (not at all)： It indicates the disagreement between the fact and what the other interlocutor/speaker said. It’s often used as a reply. For example,

① A：刚才出去的那个人是你的同学吗？
B：哪里，他是我的同屋，比我高一个年级。

② A：听说你喝酒从来喝不醉。
B：哪里，谁说的，我喝一点儿酒就会醉了。

③ A：你一个人干了这么多活儿。
B：哪里，都是大家一起干的。

功能项目 Function Items

功能项目	例　句
1.（用"一定""应该"）提出要求 To put forward a requirement (using "一定" or "应该")	① A：在孩子的成长过程中，他做什么您都不管了吗？ B：一旦孩子自己作出了选择，我就会要求他一定要坚持下去。 ② A：老师，学习汉语很难。 B：学习汉语确实不容易，所以你们更应该认真地对待这件事。
2.（用"可能"）表示估计 To express a reckoning (using "可能")	① A：孩子的父母为什么让孩子学这么多呢？ B：可能是父母们自己没能受到很好的教育，就把希望寄托在孩子的身上。 ② A：他的父母为什么不同意他的选择呢？ B：他们可能受到了传统观念的影响。
3. 对别人表示同情 To show sympathy for others	• A：我觉得他们很可怜。 B：孩子们确实不应该负担这么重。
4.（用"一方面……；另一方面……"）分别表述情况 To express more than one situations (using the structure "一方面……；另一方面……")	• A：为什么父母要让孩子学习这么多？ B：一方面父母觉得把孩子教育好是他们的责任；另一方面社会发展了，竞争更加激烈，受到好的教育今后的机会可能更多。
5.（用"一定"）表示保证 To make a promise (using "一定")	① A：你们还要继续努力呀。 B：老师您放心吧！我们一定会更加努力学习！ ② A：我希望你们能够实现自己的愿望。 B：我们不一定能实现自己的每一个愿望，但我们还是一定要坚持下去。

13

wǒ hái shi xǐ huan yǒu gèng duō fā zhǎn

我还是喜欢有更多发展

jī huì de gōng zuò

机会的工作

I prefer a job with more future opportunities

课文 Text

shān xià mǎ kè nǐ fàng jià qī jiān dōu zuò le xiē shén me
山下：马克，你放假期间都做了些什么？

mǎ kè wǒ jià qī qù jiāo yīng yǔ le yǒu ge xiǎo xué qǐng wǒ qù dāng yīng yǔ lǎo shī
马克：我假期去教英语了，有个小学请我去当英语老师。

shān xià nǐ qù jiāo yīng yǔ néng xíng ma jiù yǐ nǐ de hàn yǔ shuǐ píng néng gòu shèng rèn zhè zhǒng gōng zuò ma nán dào bú huì yǐng xiǎng xué sheng men de yīng yǔ xué xí ma
山下：你去教英语，能行吗？就以你的汉语水平，能够胜任这种工作吗？难道不会影响学生们的英语学习吗？

mǎ kè nǐ zhè huà shuō de zěn me huì ne wǒ de hàn yǔ shuǐ píng dāng rán néng gòu shèng rèn yīn wèi jiào xué duì xiàng shì xiǎo hái zi duì lǎo shī de hàn yǔ shuǐ píng yāo qiú bìng bù gāo kuàng qiě wǒ yě yǒu xǔ duō xué wài yǔ de jīng yàn kě yǐ bāng wǒ jiāo hǎo tā men wǒ běn lái bù xiǎng qù kě shì wǒ de yí ge péng you zhǎo dào wǒ yào wǒ bāng máng wǒ shí zài bù hǎo yì si jù jué
马克：你这话说得，怎么会呢？我的汉语水平当然能够胜任，因为教学对象是小孩子，对老师的汉语水平要求并不高。况且，我也有许多学外语的经验可以帮我教好他们。我本来不想去，可是我的一个朋友找到我，要我帮忙，我实在不好意思拒绝。

shān xià　wǒ yě hěn xǐ huan xiǎo hái zi　shùn biàn wèn yí xià　nǐ jué de jiāo xiǎo
山　下：我也很喜欢小孩子。顺便问一下，你觉得教小
xué shēng yīng yǔ yǒu yì si ma
学生英语有意思吗？

mǎ kè　yǒu yì si a　nà xiē hái zi hěn huó pō　fēi cháng kě ài　zhǐ dǎo tā
马　克：有意思啊！那些孩子很活泼，非常可爱。指导他
men xué xí　jiū zhèng tā men de fā yīn　xiào guǒ hěn hǎo　wǒ yě hěn yǒu
们学习，纠正他们的发音，效果很好，我也很有
chéng jiù gǎn　jǐn guǎn hěn lèi　wǒ hái shi jué de hěn yǒu yì si　ér
成就感。尽管很累，我还是觉得很有意思。而
qiě　shōu rù yě hěn bú cuò
且，收入也很不错。

shān xià　jì rán nǐ zhè me xǐ huan jiāo xiǎo hái zi　bì yè yǐ hòu jiù dāng ge hàn
山　下：既然你这么喜欢教小孩子，毕业以后就当个汉
yǔ jiào shī ba
语教师吧。

mǎ kè　zhè kàn zěn me shuō　suī rán wǒ hěn xǐ huan jiāo xiǎo hái zi　dàn zhè zhǐ
马　克：这看怎么说，虽然我很喜欢教小孩子，但这只
shì wǒ de yí fèn lín shí xìng de gōng zuò　duǎn qī zuò yi zuò hái kě
是我的一份临时性的工作，短期做一做还可
yǐ　wǒ hái shi xī wàng zhǎo ge fā zhǎn jī huì gèng duō de gōng zuò　suǒ
以。我还是希望找个发展机会更多的工作。所
yǐ　wǒ bì yè yǐ hòu xiǎng huí guó cóng shì mào yì fāng miàn de gōng zuò
以，我毕业以后想回国从事贸易方面的工作。

shān xià　zhè yàng yì lái　nǐ xué de hàn yǔ bú shì méi yòng le ma
山　下：这样一来，你学的汉语不是没用了吗？

mǎ kè　shí huà gào su nǐ　wǒ yě dān xīn guo zhè yì diǎn　suǒ yǐ　wǒ yào xiǎng
马　克：实话告诉你，我也担心过这一点。所以，我要想
bàn fǎ zhǎo yì jiā hé zhōng guó
办法找一家和中国
yǒu chū kǒu yè wù guān xi de
有出口业务关系的
dà gōng sī　yī lái néng yòng shang
大公司。一来能用上
wǒ de hàn yǔ　èr lái néng yǒu
我的汉语，二来能有

jī huì dào zhōng guó chū chāi rú guǒ gōng sī néng pài wǒ dào zhōng guó cháng
机会到中国出差。如果公司能派我到中国长
qī gōng zuò nà jiù gèng hǎo la guāng shuō wǒ le nǐ bì yè yǐ hòu dǎ
期工作，那就更好啦！光说我了，你毕业以后打
suàn xuǎn zé shén me yàng de zhí yè ne
算选择什么样的职业呢？

shān xià wǒ xiàn zài hái méi yǒu míng què de dǎ suàn xiǎng zuò de shì qing hěn duō
山　下：我现在还没有明确的打算，想做的事情很多，
yě xǔ dào shí hou jiù zhī dao le wǒ jué de nǐ de xuǎn zé hěn bú
也许到时候就知道了。我觉得你的选择很不
cuò rú guǒ yǒu jī huì wǒ yě xī wàng zuò tóng yàng de xuǎn zé dāng
错。如果有机会，我也希望做同样的选择。当
rán xǔ duō qí tā de gōng zuò yě hěn yǒu yì si zǒng de lái shuō xiǎng
然，许多其他的工作也很有意思。总的来说，想
zuò de shì qing hěn duō jī huì yě hěn duō wǒ xū yào zǐ xì kǎo lǜ
做的事情很多，机会也很多，我需要仔细考虑。

mǎ kè shéi shuō bú shì ne gōng zuò yǒu hěn duō zhǒng jī huì yě hěn duō dàn hěn
马　克：谁说不是呢？工作有很多种，机会也很多，但很
nán háo bú fèi lì jiù zhǎo dào yí ge hé shì de gōng zuò zhǎo gōng zuò de
难毫不费力就找到一个合适的工作。找工作的
shí hou nǐ huì kǎo lǜ xiē shén me ne
时候，你会考虑些什么呢？

shān xià shǒu xiān děi shì wǒ xǐ huan de nà zhǒng gōng zuò qí cì zài gōng zuò zhōng
山　下：首先得是我喜欢的那种工作，其次在工作中
yào néng fā huī wǒ de cháng chu dāng rán shōu rù yě yào jiā yǐ kǎo lǜ
要能发挥我的长处。当然，收入也要加以考虑。

mǎ kè wǒ fā xiàn jǐn guǎn wǒ men lái zì bù tóng de guó jiā dàn xiǎng fǎ què
马　克：我发现，尽管我们来自不同的国家，但想法却
chà bu duō ér qiě gēn jù wǒ de liǎo jiě wǒ de xǔ duō zhōng guó
差不多。而且，根据我的了解，我的许多中国
péng you tā men yě shì hé wǒ men yí yàng de nián qīng rén yě hé
朋友——他们也是和我们一样的年轻人——也和
wǒ men de xiǎng fǎ yí yàng
我们的想法一样。

shān xià wǒ xiǎng zhè zhèng míng nián qīng rén de xīn yuàn dōu shì xiāng tóng de dàn jǐn
山　下：我想，这证明年轻人的心愿都是相同的。但仅

jǐn yǒu yuàn wàng hái shi bú gòu de
仅有愿望还是不够的。

mǎ kè jiù shì ma zhǐ yǒu zuò le chōng zú de zhǔn bèi cái néng gòu zhǎo dào hǎo
马 克：就是嘛，只有作了充足的准备，才能够找到好

de gōng zuò zán men yì qǐ nǔ lì ba
的工作。咱们一起努力吧！

词语表 Vocabulary

1.	期间	qījiān	N	time, period, course, duration 生病期间/在这个期间/上学期间发生了很多事
2.	小学	xiǎoxué	N	primary (or elementary) school 一所小学/在小学讲课/在小学学习
3.	以	yǐ	Prep	with, by means of 以你的能力/以弱胜强/以不变应万变
4.	胜任	shèngrèn	V	be competent at, be qualified for 胜任工作/能够胜任/胜任角色
5.	对象	duìxiàng	N	target, object 服务对象/教学对象/研究对象
6.	况且	kuàngqiě	Conj	moreover, besides 那里风景不错，况且，你也没去过，这次就去看看吧。/本来身体就不好，况且还是这种天气情况，你就别去了。/衣服挺漂亮，况且价钱也不贵，你就买一件吧。
7.	拒绝	jùjué	V	refuse, reject, turn down, decline 拒绝合作/拒绝他的建议/加以拒绝
8.	顺便	shùnbiàn	Adv	incidentally, in passing 我去书店买书，顺便去一下超市。/顺便来坐坐/顺便来看看你

9.	活泼	huópō	Adj	lively, vivacious, vivid 很活泼/活泼的性格/活泼的人
10.	指导	zhǐdǎo	V	guide, direct, instruct 指导学习/进行指导/指导工作
11.	纠正	jiūzhèng	V	correct, put right, redress 纠正发音/纠正动作/纠正不良习惯
12.	效果	xiàoguǒ	N	effect, result 效果很好/效果有提高 /治疗效果
13.	成就	chéngjiù	N	achievement, accomplishment, attainment, success 成就感/取得成就/成就很大
14.	收入	shōurù	N	income, revenue, earnings 个人收入/高收入/一年收入
15.	份	fèn	M	set, copy 一份工作/一份礼物/一份报纸
16.	临时	línshí	Adj	temporary, provisional 临时性工作/临时帮忙/临时想起来
17.	短期	duǎnqī	N	short term, short period 短期学习/短期班/短期工作
18.	从事	cóngshì	V	go in for, be engaged in 从事教育工作/从事哪种职业/从事……事业
19.	贸易	màoyì	N	trade, commerce 贸易公司/国防贸易/进出口贸易
20.	出口	chū kǒu	V//O	export 出口公司/货物出口/出口贸易

21.	业务	yèwù	N	vocational work, professional work, business
				出口业务/办理业务/业务情况
22.	出差	chū chāi	V//O	be on a business trip
				去外地出差/经常出差/出了一趟差
23.	派	pài	V	send, dispatch, appoint
				公司派他去出差。/我们马上派人去修。/我们不会派人去的。
24.	长期	chángqī	N	long term, long period
				长期学习/长期班/长期工作
25.	职业	zhíyè	N	occupation, profession
				一种职业/选择职业/职业道德
26.	毫不	háo bù		not at all, not in the least
				毫不费力/毫不奇怪/毫不保留
27.	费	fèi	V	consume too much, be wasteful
				费精力/费时间/费钱
28.	首先	shǒuxiān	Conj	first, first of all
				首先得是我喜欢的工作，其次要能发挥我的长处。
29.	其次	qícì	Pr	next, then, second
				他是第一个发言，其次是我。
30.	发挥	fāhuī	V	give play to, bring into play
				发挥长处/发挥作用/发挥出来
31.	长处	chángchu	N	merit, strong point, virtue
				发挥长处/他的长处/长处很明显
32.	加以	jiāyǐ	V	*used before disyllabic verbs to indicate how to deal with the matter previously mentioned*
				加以考虑/加以理解/加以解决

33.	来自	láizì	V	come from 我来自美国/来自农村/来自生活
34.	证明	zhèngmíng	V	prove, testify, bear out 证明你的实力/有力地证明/证明是可行的
35.	心愿	xīnyuàn	N	wish, aspiration, cherished desire 一个心愿/大家的心愿/表达了心愿
36.	仅仅	jǐnjǐn	Adv	only, merely, barely 仅仅十岁/仅仅学了半年汉语/仅仅一年
37.	愿望	yuànwàng	N	wish, hope, desire 美好的愿望/最大的愿望/说出你的愿望
38.	充足	chōngzú	Adj	adequate, ample, sufficient, abundant 充足的食物/光线充足/充足的理由

注释 Notes

1 你这话说得，怎么会呢？

这话说得：表示某人说的话不合适。有时用在客气的应答句中。常用在朋友之间，语气比较随便。例如：

这话说得 (it's not right to say that): It means that somebody has said something improper in that context. It is sometimes used to give a polite reply. It is often used between friends and is informal in tone. For example,

① A：你怎么现在才回来？
B：你这话说得，路这么远，现在回来还是快的呢。

② A：你帮了我这么多的忙，让我怎么感谢你才好呢？
B：这话说得，咱们是好朋友，什么谢不谢的。

③ A：从事这个工作收入又不错，你为什么不喜欢做呢？
B：这话说得，我为什么非要做这样的工作，我喜欢更有挑战性的工作。

2 况且，我也有许多学外语的经验可以帮我教好他们。

况且：表示申述理由或追加理由。常和“又”、“也”、“还”等配合使用。例如：

况且 (furthermore)：It indicates that a further reason or fact will be given. It is often used together with “又”, “也” or “还”. For example,

① A：你们能按时回来吗？
　 B：路不太远，况且我们坐的还是快车，一定能按时回来。
② A：我打算到了那里再找家宾馆。
　 B：你从来没有去过那个地方，况且汉语水平也还不够高，还是先预订一家宾馆比较好。
③ A：从事教育工作，是一件很有意思的事情，况且收入又不错，你为什么不喜欢做呢？
　 B：我喜欢更有挑战性的工作。

3 顺便问一下，你觉得教小学生英语有意思吗？

顺便问一下：借着做某事的方便，询问另一件事。例如：

顺便问一下 (by the way)：It means to take advantage of doing one thing to inquire about another. For example,

① A：谢谢你告诉我老师们的情况，顺便问一下，你知道马克最近的情况吗？
　 B：我也好久没有见到他了。
② A：你明天就出发呀，那我顺便问一下，你什么时候能回来？
　 B：大概五天以后吧。
③ A：谢谢你带给我新教材，顺便问一下，咱们哪天开始上课？
　 B：后天就要上课了。

4 这看怎么说，虽然我很喜欢教小孩子，但这只是我的一份临时性的工作。

这看怎么说：表示一件事情如果从不同角度看会有不同结论。有时也说“那看怎么说”。例如：

这看怎么说 (it depends)：It suggests that the same thing may end in a different conclusion if viewed from a different perspective. Sometimes we also say “那看怎么说”. For example,

① A：路这么远，你们能按时回来吗？
　 B：这看怎么说，如果能坐上快车，一定能按时回来。
② A：我觉得老师说的话学生就应该听。
　 B：不一定，那看怎么说，老师说得对的，学生当然应该听。
③ A：我觉得在公司工作比在学校工作好，收入高得多。
　 B：这看怎么说，在公司工作要辛苦得多，压力也大，我还是喜欢自由一些的工作。

5 我毕业以后想回国从事贸易方面的工作。

从事……工作：表示自己去做某种工作或事业。“从事”要与“工作”、“事业”搭配使用。例如：

从事……工作：It means one does something as a job or career. “从事” (take up) should be used together with “工作” or “事业”. For example,

① A：你以后想做什么工作？
B：我想从事和汉语有关系的工作。
② A：他怎么没找那种工作？
B：由于外语水平不够，他没能从事那个工作。
③ A：我回国以后想当老师。
B：从事教育事业，是一件很光荣的事情。

6 这样一来，你学的汉语不是没用了吗？

这样一来：表示根据某种情况，来作出推想或得出结论。例如：

这样一来 (in that case)：It means to make an inference or conclusion based on a certain condition. For example,

① A：这样一来，你就没法去了呀？
B：我再想其他的办法吧。
② A：你为什么最后又做了呢？
B：你的要求很有道理，这样一来，我只好去做了。
③ A：你去旅游怎么样？
B：唉，因为堵车没赶上飞机，这样一来，根本就没去成！

7 实话告诉你，我也担心过这一点。

实话告诉你：直截了当地向对方申明自己的态度。例如：

实话告诉你 (to tell you the truth)：It means to express one's attitudes to the other party directly. For example,

① A：你们怎么不吃呀？这里的菜不合你们的口味吗？
B：不是，实话告诉你，我们现在还不太饿。
② A：实话告诉你，我打算一个人开车去西藏。
B：你从来没有去过那个地方，汉语水平又不够高，还是找个中国朋友和你一起去吧。
③ A：这个工作又不累，收入也不错，你为什么不喜欢做呢？
B：实话告诉你，我喜欢更有挑战性的工作。

8 一来能用上我的汉语，二来能有机会到中国出差。

一来……，二来……： 用来连接表示原因或目的分句。如果原因或目的多，后面还可以用"三来……"、"四来……"等等。例如：

一来……，二来……(firstly……, secondly…)： It is used to connect two clauses which indicate reasons or purposes. If there are more reasons or purposes, "三来……" and "四来……" etc. are added. For example,

① A：你为什么选择到中国来留学？
B：到中国来留学，一来可以学习汉语，二来可以了解中国的情况。
② A：你好像很喜欢北京这个城市。
B：我对北京有特别的感情，一来那里是我出生的地方，二来我在那里住过好些年。
③ A：这件事你能不能做一下？
B：不行啊，一来我平时的学习很忙，二来周末的时候我还要去打工，所以实在没有时间。

9 就是嘛，只有作了充足的准备，才能够找到好的工作。

就是嘛： 意思是"你说的正是我想的"。在完全同意对方的观点或在别人为自己说话时加以肯定。例如：

就是嘛 (so it is)： It means "what you said is exactly what I thought". It is used when you totally agree with someone's opinion or when someone speaks for you and you agree with him/her. For example,

① A：要是能找个中国人练习口语就好了。
B：就是嘛，口语光靠自己学是不行的。
② A：一个人过节太没意思了。
B：就是嘛，过节的时候就是要大家热热闹闹一起过。
③ A：老师，马克的意思实际上跟您的想法并不矛盾。
B：就是嘛，老师，我并不是要反对您的看法。

功能项目 Function Items

功能项目	例句
1.（用"本来……，可是……"）表示无奈 To show a frustrated feeling (using the structure "本来……，可是……")	① A：你做这个工作挺好的。 B：我本来不想去，可是我的一个朋友找到我，要我帮忙，我实在不好意思拒绝。 ② A：你毕业以后打算做什么？ B：我本来想继续在这里学习，可是我的父母要我回国去找工作。
2.（用"一来……，二来……"）说明原因或目的 To explain reasons or purposes (using the structure "一来……，二来……")	① A：你以后想做什么工作呢？ B：我要想办法找一家和中国有出口业务关系的大公司。一来能用上我的汉语，二来能有机会到中国出差。 ② A：你这次回国想做什么？ B：我这次回国，一来想见见久别的家人，二来想看看有没有合适的工作机会。
3.（用"总的来说"）表示概括 To sum up (using "总的来说")	① A：你毕业以后打算找什么样的工作？ B：总的来说，想做的事情很多，机会也很多，我需要仔细考虑。 ② A：同学们的想法好像都差不多。 B：对，总的来说，不管来自哪个国家，人们的想法大部分还是相同的。

14

wǒ jué de chuán tǒng de dōng xi yīng gāi
我觉得传统的东西应该
hǎo hāo bǎo hù
好好保护

I think traditional things should be well protected

课文 Text

mǎ kè shān xià nǐ lái běi jīng yě kuài yí ge xué qī le ba zài zhèr shēng

马　克：山下，你来北京也快一个学期了吧？在这儿生

huó le yí duàn shí jiān zhī hòu duì běi jīng zhè ge chéng shì yǒu shén me yìn

活了一段时间之后，对北京这个城市有什么印

xiàng

象？

shān xià suī rán wǒ lái běi jīng de shí jiān hái bú tài cháng dàn wǒ fā xiàn běi jīng

山　下：虽然我来北京的时间还不太长，但我发现北京

zài zhè jǐ ge yuè jiù yǒu le yì xiē biàn huà běi jīng jìn rù le kuài sù

在这几个月就有了一些变化，北京进入了快速

fā zhǎn de jiē duàn nǐ yǒu méi yǒu zhè zhǒng gǎn jué

发展的阶段。你有没有这种感觉？

mǎ kè zhè shéi dōu kàn de chū lái wǒ lái běi jīng de shí jiān bǐ nǐ cháng yì

马　克：这谁都看得出来！我来北京的时间比你长一

diǎnr gǎn shòu yě jiù gèng duō zuì jìn běi jīng de jiàn shè sù dù míng

点儿，感受也就更多。最近，北京的建设速度明

xiǎn jiā kuài le chéng shì miàn mào biàn huà hěn dà yǒu xiē dì fang guò yí

显加快了，城市面貌变化很大。有些地方过一

duàn shí jiān zài qù jiù rèn bu chū lái le

段时间再去，就认不出来了。

shān xià nǐ jué de běi jīng de zhè zhǒng biàn huà hǎo bu hǎo ne

山　下：你觉得北京的这种变化好不好呢？

mǎ kè ò hěn nán shuō zhè zhǒng biàn huà yǒu hǎo de yí miàn jiù ná jiāo tōng lái

马　克：哦，很难说。这种变化有好的一面。就拿交通来

shuō jiàn shè le hěn duō xīn dào lù jiāo tōng kěn dìng gèng fāng biàn le dàn
说，建设了很多新道路，交通肯定更方便了。但

huà shuō huí lai yě yǒu bù hǎo de yí miàn xīn jiàn zhù tài duō le shǐ
话说回来，也有不好的一面。新建筑太多了使

běi jīng yuè biàn yuè shī qù le zì jǐ de tè sè
北京越变越失去了自己的特色。

shān xià nà me zhào nǐ zhè me shuō hái shi chuán tǒng de dōng xi bǐ jiào hǎo la
山　下：那么，照你这么说，还是传统的东西比较好啦？

mǎ kè duì wǒ jué de jì chuán tǒng yòu yǒu
马　克：对！我觉得既传统又有

mín zú tè sè de dōng xi bǐ jiào yǒu
民族特色的东西比较有

yì si suǒ yǐ wǒ cái bù yuǎn qiān
意思，所以我才不远千

lǐ qù le yún nán lì jiāng méi xiǎng
里去了云南丽江。没想

dào zài shì jiè shang hái yǒu nà me piào
到在世界上还有那么漂

liang de yí ge dì fang nà li de
亮的一个地方。那里的

chuán tǒng jiàn zhù bǎo hù de jiù hěn
传统建筑保护得就很

wán zhěng
完整。

shān xià wǒ yě méi xiǎng dào nǐ zuò wéi yí ge xī fāng rén huì zhè me rè ài dōng
山　下：我也没想到，你作为一个西方人会这么热爱东

fāng chuán tǒng de dōng xi
方传统的东西。

mǎ kè xiàng wǒ zhè yàng de hái shuō bu shàng rè ài kě wǒ què shí hěn xǐ huan chuán
马　克：像我这样的还说不上热爱，可我确实很喜欢传

tǒng de dōng xi hěn duō zhōng guó rén kě néng huì yǐ wéi wǒ men wài guó
统的东西。很多中国人可能会以为，我们外国

rén xǐ huan hěn xīn de dōng xi tā men xiǎng bu dào wǒ men huì duì chuán tǒng
人喜欢很新的东西，他们想不到我们会对传统

de dōng xi gǎn xìng qù wǒ zhī dao zài zhōng guó xiàn zài hěn duō rén xǐ huan
的东西感兴趣。我知道在中国现在很多人喜欢

xīn cháo de wài guó de dōng xi tā men kě néng huì jué de wǒ yǒu
新潮的、外国的东西，他们可能会觉得我有

diǎnr bǎo shǒu
点儿保守。

shān xià bǎo shǒu yě méi shén me bù hǎo wǒ yě jué de chuán tǒng de dōng xi yīng gāi
山　下：保守也没什么不好。我也觉得传统的东西应该

hǎo hāo bǎo hù tóng shí wǒ men yě yào fā zhǎn xīn de dōng xi bù rán
好好保护。同时，我们也要发展新的东西，不然

de huà rén lèi jiù bù néng jìn bù le
的话，人类就不能进步了。

mǎ kè xiàn zài rén lèi zài fā zhǎn xīn de dōng xi fāng miàn méi yǒu duō dà de wèn
马　克：现在人类在发展新的东西方面没有多大的问

tí shì jiè kē jì de fā zhǎn rì xīn yuè yì yǐ jīng dá dào le hěn
题。世界科技的发展日新月异，已经达到了很

gāo de shuǐ píng yě gěi wǒ men de shēng huó dài lái le jù dà de biàn
高的水平，也给我们的生活带来了巨大的变

huà dàn shì wǒ men zài bǎo hù chuán tǒng fāng miàn hái cún zài zhe xǔ duō
化。但是，我们在保护传统方面，还存在着许多

xū yào gǎi jìn de dì fang
需要改进的地方。

shān xià hái zhēn shì wǒ hěn xǐ huan běi jīng de hú tòng hé sì hé yuàn tā men
山　下：还真是！我很喜欢北京的胡同和四合院，它们

bù jǐn shì hěn hǎo de wén wù yě shì běi jīng mín jiān chuán tǒng jiàn zhù de
不仅是很好的文物，也是北京民间传统建筑的

dài biǎo kě xī xiàn zài yǒu xǔ duō dōu méi bǎo cún xià lái
代表，可惜现在有许多都没保存下来。

mǎ kè chuán tǒng de dōng xi yào bǎo cún xia lai què shí gèng bù róng yì wǒ tīng shuō
马　克：传统的东西要保存下来确实更不容易。我听说

běi jīng yǐ qián hái yǒu chéng qiáng yě méi bǎo cún xià lái tài yí hàn le
北京以前还有城墙，也没保存下来，太遗憾了！

shān xià nà dào yě shì gǔ dài de dōng xi hǎo bù róng yì cái bǎo cún xia lai
山　下：那倒也是！古代的东西好不容易才保存下来，

wǒ men yīng gāi hǎo hāo zhēn xī yào xiǎng bàn fǎ ràng rén men dōu jiàn lì qǐ
我们应该好好珍惜！要想办法让人们都建立起

yì zhǒng guān niàn bǎo hù chuán tǒng shì měi ge rén de zé rèn
一种观念——保护传统是每个人的责任。

词语表 Vocabulary

1.	印象	yìnxiàng	N	impression
			丽江给我留下了非常好的印象。/深刻的印象/没有印象	
2.	变化	biànhuà	N/V	change
			发生变化/巨大变化/没有变化	
3.	进入	jìnrù	V	enter, get into
			进入市区/进入高级阶段/进入数码时代	
4.	快速	kuàisù	Adj	fast, quick, high-speed
			快速发展/快速增长/快速前进	
5.	发展	fāzhǎn	N/V	development; develop
			发展变化/经济发展/可持续发展	
6.	阶段	jiēduàn	N	stage, phase
			初级阶段/发展阶段/阶段性特点	
7.	感受	gǎnshòu	N	understanding, feeling, impression
			许多感受/感受很深/一种感受	
8.	建设	jiànshè	V	build, construct
			建设城市/建设道路/建设地铁	
9.	速度	sùdù	N	speed, pace, tempo
			建设速度/提高速度/那里的上网速度太慢了。	
10.	明显	míngxiǎn	Adj	obvious, clear
			效果明显/明显变化/差得并不明显	
11.	加快	jiākuài	V	accelerate, speed up
			加快建设/加快发展/脚步加快	
12.	面貌	miànmào	N	appearance, look, aspect
			城市的面貌/崭新的面貌/面貌一新	
13.	道路	dàolù	N	road, way, path
			建设更多的道路/道路情况/道路的设计	

14.	建筑	jiànzhù	N	building, construction, architecture 传统建筑/古代建筑/建筑业
15.	失去	shīqù	V	lose, forfeit 失去特色/失去自由/不要失去机会
16.	完整	wánzhěng	Adj	complete, integral, intact 保护得很完整/完整的资料/完整的信息
17.	热爱	rè'ài	V	love deeply, love heartily 热爱祖国/非常热爱/我热爱的家乡
18.	东方	dōngfāng	N	the East, the Orient 东方文明/东方文化/东方和西方
19.	新潮	xīncháo	Adj	fashionable, modish, avant-garde 新潮的东西/新潮服装/很新潮
20.	保守	bǎoshǒu	Adj	conservative 保守的心理/有点儿保守/很保守
21.	人类	rénlèi	N	mankind, humanity 人类文明/人类的进步/人类的未来
22.	科技	kējì	N	science and technology 科技发展/高科技/科技知识
23.	日新月异	rì xīn yuè yì		change with each passing day, make rapid progress 经济发展日新月异/日新月异的变化/日新月异的面貌
24.	巨大	jùdà	Adj	huge, tremendous, enormous, gigantic, immense 巨大的影响/巨大的潜力/巨大的成就
25.	存在	cúnzài	V	be, exist 存在问题/存在差距/仍然存在
26.	改进	gǎijìn	V	improve, make better 改进学习方法/需要改进/要改进的地方
27.	胡同	hútòng	N	lane, alley 一条胡同

28.	四合院	sìhéyuàn	N	quadrangle courtyard
			一座四合院	
29.	文物	wénwù	N	cultural relic, historical relic
			保护文物/收藏文物/文物丢失	
30.	民间	mínjiān	N	of the common people, popular, folk, non-governmental, people-to-people
			民间文化/民间艺术/民间交流	
31.	可惜	kěxī	Adj	unfortunately, it's a pity, it's too bad
			可惜我把它丢了！/可惜，北京的城墙已经拆了。/失去这个机会太可惜了！	
32.	保存	bǎocún	V	preserve, conserve, keep
			保存下来/保存文件/怎么保存	
33.	城墙	chéngqiáng	N	city wall
			还保存着城墙/北京的城墙/古代城墙	
34.	遗憾	yíhàn	Adj	regretful, repentant
			太遗憾了！/令人遗憾/没有遗憾	
35.	古代	gǔdài	N	ancient times, antiquity
			中国古代/古代建筑/古代汉语	
36.	珍惜	zhēnxī	V	treasure, value, cherish
			珍惜遗产/很珍惜/珍惜机会	
37.	建立	jiànlì	V	establish, found, set up
			建立联系/建立友谊/建立深厚的感情	
38.	观念	guānniàn	N	mentality, concept, idea
			思想观念/新观念/错误观念	

注释 Notes

1 哦，很难说。

很难说： 表示“不容易确定”等意思，也可以用“不好说”。例如：

很难说 (it is difficult to say)： It means it is not easy to be certain about something. It can be replaced by “不好说”. For example,

① A：那么，你觉得北京的这种变化好不好呢？
   B：哦，很难说。这种变化有好的一面，也有不好的一面。
② A：咱们一起去找他吧。
   B：去是可以去，但是能不能见到他就不好说了。
③ A：我去那里会不会遇到什么麻烦？
   B：很难说在那里你会遇到什么事情，但也不必太担心。

2 就拿交通来说，建设了很多新道路，交通肯定更方便了。

拿……来说： 常用于以某人或某事物举例。用于举例的人或事物放在“拿”和“来说”之间，后面有分句进一步说明。例如：

拿……来说 (take...for example)： It is often used to cite somebody or something as an example. The person or thing should be placed between “拿” and “来说”. After the structure, there is a clause for further explanation. For example,

① A：那么，你觉得是不是每个人都喜欢流行歌曲？
   B：也不一定，就拿我的同屋来说，她就不喜欢听流行歌曲。
② A：世界上有许多国家都是多民族的？
   B：是啊，拿中国来说，一共就有56个民族。

3 但话说回来，也有不好的一面。

话(又)说回来(了)： 在强调某一方面之后，又对另一方面进行分析或说明，二者往往在意思上相反，而后者往往是说话人真正想说的。例如：

话(又)说回来(了) (on the other hand)： It is used to analyze or explain another aspect after emphasizing one aspect. The two aspects are often opposite in meaning and the latter is what the speaker really wants to say. For example,

① A：作弊就应该开除，你这话说得太重了吧？
   B：我的话可能是说得有些重，但话说回来，不这样做问题总是解决不了。
② A：在这个世界上，我觉得自己能遇到的机会太少了。
   B：机会在这个世界上的确不多，可话又说回来，如果不是这样，也就说不上是机会了。机会还是有的，主要是要抓住。

③ A：学习一种外语为什么这么累呀？

B：学外语确实要付出很多的时间和精力，话又说回来了，付出的多，收获也大。

4 那么，照你这么说，还是传统的东西比较好啦？

照你这么说：表示根据某人的话语推断他的意思。“你”有时也可以换成“你们”、“他/她”、“他们/她们”。有不以为然的语气。例如：

照你这么说 (according to you)：It means to infer someone's meaning from his/her words. “你” sometimes can be replaced by “你们”, “他 / 她” or “他们 / 她们” if necessary. The expression implies a disapproving tone. For example,

① A：照他这么说，今天天气太冷，咱们就不去上课了吗？

B：那怎么行呢？

② A：老师，照您这么说，在中国发展汽车就没有好处了？

B：我不是这个意思，但任何事情有好的一面，也会有不好的一面。

5 我觉得既传统又有民族特色的东西比较有意思，所以我才不远千里去了云南丽江。

不远千里：成语，表示不顾及路途遥远的意思。有时也说“不远万里”。例如：

不远千里 (take the trouble of travelling a thousand miles)：It is an idiom which means one does not care about how long the distance is. Sometimes we can also say “不远万里”. For example,

① A：你能不远千里地去云南旅游，说明你对那里很感兴趣。

B：我确实特别喜欢云南。

② A：我们就是因为喜欢汉语才来中国的。

B：你们为了学习汉语不远万里来到中国，这种精神令人感动。

③ A：你们不远千里地来帮助我们，我们真是非常感动！

B：千万别客气，我们自己也很喜欢这样做。

6 我也没想到，你作为一个西方人会这么热爱东方传统的东西。

作为……：表示人的某种身份或事物的某种性质。例如：

作为…… (as...)：It refers to a person's identity or a certain characteristic of something. For example,

① A：老师，您太关心我们的学习了。

B：我作为老师当然要关心你们的学习情况。

② A：作为朋友，我有责任提醒你，上网太多会影响学习的。

B：好，我听你的，一定注意。

③ A：我们都应该保护环境。

B：对，作为社会的一个成员，我们都应该知道自己的责任。

7 像我这样的还说不上热爱，可我确实很喜欢传统的东西。

说不上……，可(是)……： 表示虽然没有达到所说的那种比较高的程度，但还是达到了一定的程度。多用于表示谦虚。例如：

说不上……，可(是)…… (not that much..., but still...)： It indicates that the degree is not as high as mentioned, but still has reached a certain level. This expression is mostly used to show modesty. For example,

① A：你是她的同学，你对她一定很了解吧？
B：哦，说不上很了解，可一起学习了这么长时间，对她多少有些了解。

② A：你喜欢去那里吗？
B：我说不上特别喜欢去，可是如果你想去，我也可以陪你去。

③ A：你的汉语水平真不错！
B：我的汉语水平说不上有多么高，可简单的交流还能应付。

8 还真是！

还真是： 表示认为对方说得对。有时用在赞同对方的说法，有时用来表示自己本来没想到，经过事实验证，证明对方说得没错。例如：

还真是 (it is really so)： It means that the speaker thinks the other interlocutor is right. Sometimes it is used to support the other interlocutor's words, while at other times it is used to indicate that the other interlocutor's words have been proved to be right, which the speaker did not think of before. For example,

① A：哎，你看，出太阳了。
B：还真是，总算是不再下雨了，天天下雨真是受不了。

② A：哎呀，这路上堵车也太厉害了。
B：还真是，要不然我早就到家了。

③ A：保护环境对于我们人类来说是非常重要的。
B：还真是这样，不保护环境的话，我们每个人都不能很好地生存。

9 那倒也是！古代的东西好不容易才保存下来，我们应该好好珍惜！

那倒也是： 表示在对方的劝说下，觉得对方说的有道理。有时也说"这倒也是"、"那倒是"、"这倒是"、"倒也是"。例如：

那倒也是 (it does make sense)： It means having been persuaded by the other interlocutor, the speaker thinks his/her words make sense. It sometimes can be replaced by "这倒也是", "那倒是", "这倒是" or "倒也是". For example,

① A：光在教室里学习汉语还是远远不够的。
B：那倒也是，不好好利用汉语环境，不多跟中国人交流，还是不能把汉语学好。

② A：买东西可不能只图便宜，要注意质量呀。
B：那倒是，光图便宜有时候会上当，我听说有句俗话叫“便宜没好货”。

③ A：我买手机只要能打电话、发短信就行。
B：这倒说得也是，没必要买那么贵的，很多功能其实并不常用。

功能项目 Function Items

功能项目	例　句
1.（用“很难说”）表示不能肯定 To show uncertainty (using “很难说”)	① A：你觉得北京这种变化好不好呢？ B：哦，很难说。这种变化有好的一面，也有不好的一面。 ② A：你今天会去吗？ B：哦，这很难说，我今天有点儿忙。
2.（用“没想到”）表示出乎意料 To indicate unexpectedness (using “没想到”)	① A：你去丽江旅游觉得怎么样？ B：我没想到在世界上还有那么漂亮的一个地方。 ② A：我觉得既传统又有民族特色的东西比较有意思。 B：没想到你作为一个西方人会这么热爱东方传统的东西。
3.（用“可惜”“遗憾”）表示遗憾 To express regretful feelings (using “可惜” or “遗憾”)	① A：我很喜欢北京的胡同和四合院，可惜现在有许多都没保存下来。 B：所以对留下来的这些更应该好好保护。 ② A：我听说北京以前还有城墙，也没保存下来。 B：这真是太遗憾了！

15

wǒ men měi ge rén zǎo wǎn dōu huì
我们每个人早晚都会
biàn lǎo de
变老的

Everyone of us will grow old one day

课文 Text

shān xià　mǎ kè　wǒ zuì jìn yǒu shí hou huì xiǎng　wǒ men bì yè yǐ hòu hái yǒu
山　下：马克，我最近有时候会想，我们毕业以后还有
jī huì zài jiàn miàn ma
机会再见面吗？

mǎ kè　yǒu a　bú guò　shéi zhī dào nǐ dào nà ge shí hou hái néng bu néng rèn
马　克：有啊！不过，谁知道你到那个时候还能不能认
de wǒ ne　wǒ gū jì wǒ yǐ jīng shì zǒu bu dòng lù de lǎo tóur
得我呢？我估计我已经是走不动路的老头儿
le　wǒ men zhǐ néng yì qǐ huí yì dāng nián zài zhōng guó xué hàn yǔ de qíng
了。我们只能一起回忆当年在中国学汉语的情
jǐng le
景了。

shān xià　nǐ biàn chéng lǎo tóur de shí hou　wǒ yě biàn chéng lǎo tài tai le　bù
山　下：你变成老头儿的时候，我也变成老太太了。不
kāi wán xiào le　wǒ shì rèn zhēn de zài tán zhè ge wèn tí
开玩笑了，我是认真地在谈这个问题。

mǎ kè　wǒ méi kāi wán xiào　wǒ yě shì zài rèn zhēn de huí dá zhè ge wèn tí
马　克：我没开玩笑，我也是在认真地回答这个问题
a　nán dào nǐ bú rèn wéi wǒ huì biàn chéng lǎo tóur ma　wǒ men měi
啊。难道你不认为我会变成老头儿吗？我们每
ge rén zǎo wǎn dōu huì biàn lǎo de
个人早晚都会变老的。

shān xià　nà hái yòng shuō　méi yǒu rén bú huì biàn lǎo de　ài　zhè zhēn shì yí jiàn
山　下：那还用说？没有人不会变老的。唉，这真是一件

ràng rén tòng kǔ de shì qing wǒ bù zhī dào wǒ men lǎo le yǐ hòu huì biàn
让人痛苦的事情。我不知道我们老了以后会变

chéng shén me yàng zi fǎn zhèng wǒ shì bù gǎn xiǎng xiàng de
成什么样子，反正我是不敢想象的。

mǎ kè zhēn yǒu nà me kě pà ma dào nà ge shí hou gāi shì shén me yàng jiù
马克：真有那么可怕吗？到那个时候，该是什么样就

shì shén me yàng yǒu shén me kě dān xīn de wǒ jīng cháng kàn dào xǔ duō
是什么样，有什么可担心的？我经常看到许多

lǎo nián rén zài xué xiào li de tǐ yù chǎng duàn liàn shēn tǐ kàn tā men
老年人在学校里的体育场锻炼身体，看他们

zì yóu zì zài de yàng zi
自由自在的样子，

wǒ gǎn dào tā men de wǎn
我感到他们的晚

nián shēng huó guò de hěn kuài
年生活过得很快

lè wǒ men yǐ hòu yě yí
乐。我们以后也一

dìng néng xiàng tā men yí yàng
定能像他们一样

kuài lè
快乐！

shān xià kàn lái nǐ hěn yǒu xìn xīn kě shì wǒ men néng bu néng guò shang hé tā men
山下：看来你很有信心。可是我们能不能过上和他们

yí yàng ān xiáng de shēng huó hái bù yí dìng ne
一样安详的生活还不一定呢。

mǎ kè shān xià nǐ tài bēi guān le dāng rán nǐ de dān xīn yě bú shì méi yǒu
马克：山下，你太悲观了！当然，你的担心也不是没有

dào lǐ wǒ men de wǎn nián yě kě néng méi yǒu tā men nà me xìng fú
道理。我们的晚年也可能没有他们那么幸福、

ān xiáng dàn shì wǒ jué de xìng fú de shēng huó yào kào wǒ men zì jǐ
安详。但是，我觉得幸福的生活要靠我们自己

qù chuàng zào
去创造。

shān xià zài nǐ kàn lái wǒ men wèi lái de shēng huó yí dìng huì bǐ xiàn zài gèng hǎo
山下：在你看来，我们未来的生活一定会比现在更好

ma
吗？

mǎ kè zhè ge kě bù hǎo shuō dàn wǒ men yīng gāi yòng lè guān de tài dù jī
马 克：这个可不好说。但我们应该用乐观的态度，积
jí de qù miàn duì wèi lái de yí qiè wǒ men yào cóng xiàn zài jiù kāi shǐ
极地去面对未来的一切。我们要从现在就开始
nǔ lì xué xí nǔ lì gōng zuò wèi jiāng lái zuò hǎo zhǔn bèi zhǐ yào wǒ
努力学习、努力工作，为将来作好准备。只要我
men nǔ lì le jiù yí dìng huì yǒu shōu huò
们努力了，就一定会有收获。

shān xià wǒ bù zhī dào wèi shén me huì dān xīn zhè me yáo yuǎn de shì qing yě xǔ
山 下：我不知道为什么会担心这么遥远的事情。也许
zhēn xiàng nǐ shuō de wǒ tài bēi guān le nǐ gāi xiào hua wǒ le ba
真像你说的，我太悲观了。你该笑话我了吧？

mǎ kè wǒ zěn me huì xiào hua nǐ ne yě xǔ shì zhè ge xué qī kuài jié shù
马 克：我怎么会笑话你呢！也许是这个学期快结束
le nǐ dān xīn wǒ men yǐ hòu zài yě jiàn bu dào miàn le cái huì jué
了，你担心我们以后再也见不到面了，才会觉
de yǒu xiē shāng xīn qí shí nǐ wán quán kě yǐ xiǎng kāi diǎnr xiàn zài
得有些伤心。其实你完全可以想开点儿。现在
tōng xùn zhè me fā dá jiāo tōng zhè me fāng biàn nǎ pà yǐ hòu wǒ men
通讯这么发达，交通这么方便，哪怕以后我们
lí de zài yuǎn xiǎng jiàn miàn yě bù chéng wèn tí
离得再远，想见面也不成问题。

shān xià nǐ shuō de méi cuòr duì ya wǒ yīng gāi xiǎng kāi diǎnr wǒ men lǎo
山 下：你说得没错儿。对呀，我应该想开点儿。我们老
le yǐ hòu zài jiàn miàn yě xǔ gèng yǒu yì yì dào nà shí wǒ men bǎ
了以后再见面也许更有意义。到那时，我们把
bié de shì qing dōu fàng zài yì biān hǎo hāo liáo yi liáo wǒ men bì yè yǐ
别的事情都放在一边，好好聊一聊我们毕业以
hòu dōu zuò le xiē shén me kàn kan wǒ men dōu yǒu nǎ xiē biàn huà
后都做了些什么，看看我们都有哪些变化。

mǎ kè suǒ yǐ wǒ shuō nǐ yòng bu zháo wèi jiāng lái fā chóu zhǐ yào wǒ men cóng
马 克：所以我说，你用不着为将来发愁。只要我们从
xiàn zài kāi shǐ nǔ lì wǒ xiāng xìn wǒ men de wèi lái yīng gāi bú huì
现在开始努力，我相信我们的未来应该不会
chà zǒng ér yán zhī duì wèi lái wǒ men yīng gāi yǒu xìn xīn lí qī mò
差。总而言之，对未来我们应该有信心。离期末

kǎo shì bú tài yuǎn le nǐ fù xí de zěn me yàng le
考试不太远了，你复习得怎么样了？

shān xià wǒ zhèng zài nǔ lì fù xí ne xué hǎo le hàn yǔ zǒng bú huì yǒu shén me huài chu ba
山下：我正在努力复习呢，学好了汉语总不会有什么坏处吧？

mǎ kè yòu lái le zhēn ná nǐ méi bàn fǎ wǒ bù míng bai nǐ dào dǐ xiǎng kāi diǎnr le méi yǒu
马克：又来了，真拿你没办法，我不明白你到底想开点儿了没有。

词语表 Vocabulary

1.	早晚	zǎowǎn	Adv	sooner or later 早晚会弄明白/早晚会去/早晚都会知道
2.	老	lǎo	Adj	old, aged 老人/老年/一点儿也不老
3.	认得	rènde	V	know, recognize 认得路/不认得/认得出来
4.	老头儿	lǎotóur	N	(*with an undertone of intimacy*) old chap, old man 这个老头儿/胖老头儿/白头发的老头儿
5.	回忆	huíyì	V	call to mind, recall 回忆过去/大学生活的回忆/回忆录
6.	当年	dāngnián	N	in those years or days 回忆当年/当年的情况/不像当年那么好
7.	情景	qíngjǐng	N	scene, sight, circumstances 当时的情景/悲惨的情景/情景会话

8.	老太太	lǎotàitai	N	old lady 一个老太太/瘦老太太/老太太身体很好
9.	难道	nándào	Adv	*used in a rhetorical question for emphasis* 你能学好汉语，难道我不能？
10.	痛苦	tòngkǔ	Adj	painful, suffering, agonized 很痛苦/痛苦的经历/痛苦的过程
11.	反正	fǎnzhèng	Adv	anyway, anyhow, in any case 你别急，反正不是什么大事。/ 不管你怎么说，反正我不去。/ 我不说了，反正说不说都是一样的。
12.	想象	xiǎngxiàng	V	imagine, visualize 想象一下未来/难以想象/想象不出
13.	可怕	kěpà	Adj	fearful, frightful, terrible, terrifying 十分可怕/可怕的后果/很可怕
14.	体育场	tǐyùchǎng	N	stadium, gymnasium, gym 在体育场锻炼身体/奥运会体育场/ 体育场设计得非常新颖
15.	自由自在	zìyóu zìzài		carefree, happy-go-lucky 自由自在地生活/喜欢自由自在/自由自在的感觉
16.	晚年	wǎnnián	N	old age, one's later or remaining years 晚年生活/幸福晚年/安度晚年
17.	信心	xìnxīn	N	confidence, faith 有信心/充满信心/信心十足
18.	安详	ānxiáng	Adj	serene, composed 安详的生活/安详的晚年/很安详
19.	悲观	bēiguān	Adj	pessimistic 悲观的态度/有些悲观/不要太悲观
20.	道理	dàolǐ	N	truth, principle, reason 有道理/讲道理/做人的道理

21.	创造	chuàngzào	V	create, produce
			创造美好的生活/创造奇迹/创造力	
22.	未来	wèilái	N	future, tomorrow
			未来的生活/人类的未来/创造未来	
23.	乐观	lèguān	Adj	optimistic, hopeful, sanguine
			很乐观 /乐观的态度/做一个乐观的人	
24.	态度	tàidù	N	attitude, manner
			工作态度/乐观的态度/改变态度	
25.	积极	jījí	Adj	active, energetic, vigorous
			积极准备/积极进取/积极地工作	
26.	面对	miànduì	V	face, encounter, confront
			面对未来/面对困难/勇敢地面对	
27.	收获	shōuhuò	N	gains, rewards, results
			有收获/收获的季节/一分耕耘，一份收获。	
28.	遥远	yáoyuǎn	Adj	distant, remote
			遥远的将来/遥远的地方/距离很遥远	
29.	笑话	xiàohua	V	laugh at, ridicule
			被别人笑话/别笑话我/笑话他	
30.	伤心	shāng xīn	V//O	feel sad, be heart-broken
			很伤心/伤心事/伤透了心	
31.	通讯	tōngxùn	N	communication
			通讯地址/通讯公司/通讯条件	
32.	发达	fādá	Adj	developed, flourishing
			经济发达/交通发达/发达国家	
33.	哪怕	nǎpà	Conj	even if, even though, no matter how
			哪怕再远我也得去。/ 哪怕一点儿都不会也应该试一试！/ 哪怕情况有变化，我也会坚持下去。	

34.	意义	yìyì	N	meaning, sense, significance 很有意义/意义重大/毫无意义
35.	一边	yìbiān	N	aside, beside, by the side of 放在一边/坐在一边/忘在一边
36.	发愁	fā chóu	V//O	worry, be anxious 为他的事情发愁/别发愁/正在发愁
37.	总而言之	zǒng ér yán zhī		in brief, in short 总而言之，学生就应该好好学习。
38.	期末	qīmò	N	end of term, end of semester 期末考试/期末快到了/期末的时候
39.	坏处	huàichu	N	harm, disadvantage 没有坏处/坏处很多/好处和坏处
40.	办法	bànfǎ	N	way, means, approach 没办法/好办法/这个办法

注释 Notes

1 我们每个人早晚都会变老的。

早晚：副词，“或早或晚”的意思，表示预计的情况必然会出现。常常和“会”、“要”等连用。例如：

早晚 (sooner or later)：It is used to suggest the expected situation will certainly come. It is often used together with “会” or “要”, etc. For example,

① A：考试的成绩怎么还没有出来？
B：你别着急，考试成绩早晚都会知道的。

② A：我怎么总是学不好汉语？
B：只要你努力学习，早晚会学习好的。

③ A：你应该去那里看看。
B：以后有了时间，我早晚会去那里看看。

2 谁知道你到那个时候还能不能认得我呢？

谁知道……(呢)：表示将来的事情现在很难说。例如:

谁知道……(呢) (god knows)：It indicates that it is difficult to predict the future. For example,

① A：我看北京队这次不一定会赢。
　B：谁知道呢？赛场上的事难以预料，什么事都有可能发生。

② A：我借给他的钱还能不能收回来呀？
　B：谁知道借出去的钱还能不能回来呢？你就当是资助他了吧。

③ A：将来的环境会不会越来越糟糕，人类就没办法生存了呢？
　B：谁知道，没别的办法，我们只有从现在开始努力保护环境。

3 那还用说？没有人不会变老的。

那还用说：用反问的语气回答对方，表示对方提出的问题或事情是不用说明而答案已经很明确的。在对方的话中包含答案时，表示给予肯定，有“当然如此”的意思。也可以说“这还用说”。例如：

那还用说 (it goes without saying)：It is a rhetorical question in reply to the other interlocutor's question, meaning that the answer to the question or matter proposed by the other interlocutor is so obvious that it needs not be said. When the answer is included in the other interlocutor's words, this expression is used to affirm it, embodying the meaning “it certainly is”. This expression can be replaced by “这还用说”. For example,

① A：你能通过这次的考试吗？
　B：那还用说？我当然能通过，我已经准备了好长时间了。

② A：你们俩以前认识？
　B：这还用说？我们以前是同班同学。

③ A：有了好的结果一定告诉我。
　B：那还用说？我还得好好谢谢你呢。

4 到那个时候，该是什么样就是什么样，有什么可担心的？

该……就……：表示不受特定事情的影响，应该按照正常的规律进行。在课文的句子中，主要强调情况就是它应该有的样子，不用担心。“该”和“就”后用的是相同的成分。例如：

该……就…… (do sth. the way it should be done)：It means that something should be conducted according to the regular rule, without being affected by a specific matter. Here in this sentence, it mainly stresses that the situation would be like what it should be, meaning “don't worry”. The words after “该” and “就” are the same. For example,

① A：我很担心考试的情况。
　B：已经考完了，成绩该是什么样就是什么样，你不用太担心了。

② A：这件事情能做好吗？

B：你别着急，事情该怎么办就怎么办，我们一定会做好的。

③ A：咱们将来的情况会不会很差？

B：将来的情况怎样谁也说不准，咱们现在该做什么就做什么，不用担心那么多。

5 这个可不好说。

不好说：表示对所说的事情不能确定或没有把握。例如：

不好说 (it is hard to say)：It means that one is uncertain about or is not sure of the words that have been said. For example,

① A：今天会下雪吗？

B：今天会不会下雪，这事儿可不好说。

② A：毕业以后能找到理想的工作吗？

B：这可不好说，得靠你自己的努力了。

③ A：咱们将来还能一起去旅游吗？

B：以后能不能一起去旅游，现在我也不好说。

6 哪怕以后我们离得再远，想见面也不成问题。

哪怕……，也/都/还……：引导的是表示让步的复句。"哪怕"后面的偏句表示的是假设的让步，"也/都/还"后面的正句从相反的方面说出正面的意思。例如：

哪怕……，也/都/还…… (even though..., still...)：They form a concessive complex sentence. The subordinate clause after "哪怕" is an assumptive concession, while the principal clause after "也/都/还" states the real intention of the speaker from the opposite aspect of the former clause. For example,

① A：你们一定要按时完成这个工作。

B：放心吧，哪怕工作中的困难再多，我们都会完成的。

② A：离考试只有几天时间了！

B：哪怕只有一天，好好复习还是会有效果的。

③ A：你每天这么辛苦不觉得累吗？

B：哪怕再辛苦，为了孩子我也愿意。

7 对呀，我应该想开点儿。我们老了以后再见面也许更有意义。

想开点儿：表示劝说、安慰对方不要把不如意的事放在心上，要乐观一些。例如：

想开点儿 (take it easy)：It is used to persuade or comfort someone by asking him/her not to take the unhappy things to heart, but instead to be a little more optimistic. For example,

① A：这次考试我没考好。

B：这次考试没考好不要紧，你要想开点儿，下次好好复习，一定能考好。

② A：我的病怎么还不好？一定会影响学习的。
B：你想开点儿，安心养病，病好了再回来学习，到时候我们都会帮你的。
③ A：这次都是我没有做好。
B：你想开点儿，今后还有机会。

8 我们把别的事情都放在一边，好好聊一聊我们毕业以后都做了些什么。

把……放在一边：表示暂时不去考虑或不去做。受事做主语时，也可以说成“先放在一边”。例如：

把……放在一边 (put...aside): It means that one does not consider about something nor do something at the time being. When the patient of the action acts as the subject of the sentence, this expression can be replaced by “先放在一边”. For example,

① A：离考试只有几天的时间了。
B：对，把别的事情先放在一边，抓紧时间，认真复习。
② A：假期到了，把学习的事放在一边，好好去玩玩儿吧。
B：是呀，假期应该好好放松放松，回来再努力学习。
③ A：你答应我一起去图书馆，现在走吧。
B：这事儿先放在一边吧，我得马上去一个同学那儿。

9 总而言之，对未来我们应该有信心。

总而言之：意思是用简洁的话进行概括，其后是表示概括内容的句子。有时也可以是“总之”。例如：

总而言之 (in a word): It means to sum up with concise words, followed by the summary sentence. Sometimes, this expression can be replaced by “总之”. For example,

① A：离考试只有几天的时间了。
B：虽然只剩几天，也可以再努力一下。总而言之，你要抓紧时间，认真复习。
② A：这个工作太难完成了。
B：是啊，时间短，人又少。总而言之，工作的困难不少，但我们不要怕困难，只要多想办法解决，就一定能够完成任务。
③ A：现在的生活跟以前大不一样了。
B：确实是很不一样了，比如在住房方面，在吃的方面，总之，现在的条件比以前好多了。

10 又来了，……，我不明白你到底想开点儿了没有。

又来了：又一次听到不喜欢听到的话，有埋怨的意思。例如：

又来了 (here we go again): It is a kind of complaint used when one hears again the words that he/she doesn't like. For example,

① A：你要想考出好成绩，就一定要认真复习。
   B：你又来了，我知道了。
② A：你少抽点儿烟吧，抽烟对身体不好。
   B：又来了，我会注意的。
③ A：你们别觉得作业多，多练习才能学好汉语。
   B：您又来了，老师，我们都知道练习的重要性，但您也别留这么多呀！

11 真拿你没办法，我不明白你到底想开点儿了没有。

拿……没办法：表示对某人拿不出好的应付办法来，有无奈的意思。例如：

拿……没办法 (don't know what to do with...): It means that one has no good method to handle someone. It shows the speaker has no choice. For example,

① A：有的学生老是不交作业，老师真拿他们没办法。
   B：学生的作业也确实太多了，应该减轻一些学生的负担，不然的话，他们的身体健康会受到影响。
② A：老师，这次考试会不会很难呀？
   B：我真拿你们没办法，别总担心考试难不难，从现在开始好好复习吧。
③ A：我实在拿这些孩子的妈妈没办法，她们太溺爱孩子了。
   B：没办法，这也是母爱的表现。

功能项目 Function Items

功能项目	例　句
1.（用“不知道”“不一定”）表示担心 To express worry (using “不知道” or “不一定”)	① A：我不知道我们老了以后会变成什么样子，反正我是不敢想象的。 B：真有那么可怕吗？到那个时候，该是什么样就是什么样，有什么可担心的？ ② A：你看那些老年人晚年过得多么安祥。 B：可是我们不一定有和他们一样安详的晚年。
2.（用“该……就……”“只要……就……”）表示相信 To show one's belief in sth. (using “该……就……” or “只要……就……”)	① A：到我们老的时候这个世界不知道会变成什么样？ B：到时候，该是什么样就是什么样，有什么可担心的？ ② A：不知道我们会不会成功？ B：只要我们努力了，就一定会有收获。

功能项目	例句
3.（用“一定”“不成问题”）表达肯定 To show certainty (using “一定” or “不成问题”)	① A：只要我们努力了，就一定会有收获。 B：没错，我也觉得是这样！ ② A：我担心我们以后再也见不到面了。 B：你完全可以想开点儿，现在通讯这么发达，交通这么方便，哪怕以后我们离得再远，想见面也不成问题。

词语总表 Vocabulary

【说明】"等级 1" 为该词语在《高等学校外国留学生汉语言专业教学大纲》和《汉语水平词汇与汉字等级大纲》中的对应等级；"等级 2" 为该词语在 2010 年出版的《汉语国际教育用音节汉字词汇等级划分》中的对应等级。空白表示该词语未收入上述大纲。

【Note】Level (1), i.e. "等级 1", indicates the level of the word or expression defined in *Teaching Syllabus of Chinese for Foreign Students of Higher Educational Institutions* and *Syllabus of Graded Words and Characters for Chinese Proficiency*. Level (2), i.e. "等级 2", indicates the level of the word or expression in *The Graded Chinese Syllables, Characters and Words for the Application of Teaching Chinese to the Speakers of Other Languages* published in 2010. Blanks indicate that the words or expressions are not included in the above syllabuses.

序号	词语	拼音	词性	等级1	等级2	课号
			A			
1	阿司匹林	āsīpǐlín	N			7
2	哎呀	āiyā	Int	一/2	三	2
3	唉	ài	Int	一/2	三	3
4	安排	ānpái	V/N	一/1	一③	6
5	安全	ānquán	Adj	一/2	一①	6
6	安详	ānxiáng	Adj	三、四		15
7	安心	ānxīn	Adj	一/2	三	7
8	按时	ànshí	Adv	一/2	二	7
			B			
9	百货商场	bǎihuò shāngchǎng				3
10	办法	bànfǎ	N	一/1	一②	15
11	半天	bàntiān	N	一/1	一①	5
12	半夜	bànyè	N	一/2	一③	9
13	包括	bāokuò	V	一/2	二	2
14	保存	bǎocún	V	一/2	一③	14
15	保护	bǎohù	V	一/2	一②	6
16	保留	bǎoliú	V	一/2	一③	9
17	保守	bǎoshǒu	Adj	二	二	14
18	报复	bàofu	V	二	三	11
19	悲观	bēiguān	Adj	二	三	15
20	背后	bèihòu	N	一/2	一③	12

21	本	běn	Pr	一/2	二	10
22	本来	běnlái	Adv	一/2	一③	5
23	必要	bìyào	Adj	一/2	一③	7
24	边……边……	biān……biān……		一/2		1
25	鞭炮	biānpào	N	三、四	三	9
26	变化	biànhuà	N/V	一/1	一③	14
27	表达	biǎodá	V	一/2	一③	8
28	兵马俑	bīngmǎyǒng	N			6
29	病人	bìngrén	N	一/2	一①	7
30	不必	búbì	Adv	一/2	一③	8
31	不论	búlùn	Conj	一/2	一③	5
32	不要紧	bú yàojǐn		一/2	二	2
33	不敢当	bù gǎndāng		一/2	二	4
34	不管	bùguǎn	Conj	一/2	一②	7
35	不光	bùguāng	Conj	三、四	一③	4
36	不然	bùrán	Conj	一/2	二	10
37	不少	bù shǎo		一/2	一②	5
38	不许	bùxǔ	V	一/2	二	9
39	不一定	bù yídìng		一/2	一②	12
40	布置	bùzhì	V	一/2	二	11
41	部	bù	M	一/2	一③	5
42	部	bù	N	二	一③	6
		C				
43	猜	cāi	V	一/2	二	6
44	采用	cǎiyòng	V	一/2	一③	1
45	菜系	càixì	N			2
46	差不多	chàbuduō	Adj	一/2	一①	2
47	长处	chángchu	N	三、四	一②	13
48	长期	chángqī	N	一/2	一②	13
49	长途	chángtú	Adj	一/2	二	6
50	超级	chāojí	Adj	三、四	一③	3
51	超市	chāoshì	N		一②	3
52	炒	chǎo	V	二	二	2
53	彻底	chèdǐ	Adj	一/2	二	6

54	成就	chéngjiù	N	一/2	一③	13
55	成长	chéngzhǎng	V	一/2	一③	12
56	城墙	chéngqiáng	N		三	14
57	充足	chōngzú	Adj	一/2	二	13
58	出差	chū chāi	V//O	二	二	13
59	出发	chūfā	V	一/1	一②	6
60	出口	chū kǒu	V//O	一/2	一③	13
61	出租	chūzū	V	一/2	一②	4
62	初级	chūjí	Adj	一/2	一②	5
63	除夕	chúxī	N	三、四	二	9
64	处理	chǔlǐ	V	一/2	一③	4
65	传播	chuánbō	V	一/2	一③	10
66	传统	chuántǒng	N	一/2	二	9
67	床单	chuángdān	N	二		4
68	创造	chuàngzào	V	一/2	一③	15
69	吹	chuī	V	一/1	一②	11
70	从事	cóngshì	V	一/2	一③	13
71	存在	cúnzài	V	一/2	一③	14
		D				
72	打车	dǎ chē	V//O		一①	1
73	打点滴	dǎ diǎndī				7
74	打扰	dǎrǎo	V	一/2	二	8
75	打扫	dǎsǎo	V	丙	二	4
76	大型	dàxíng	Adj	乙	二	3
77	代表	dàibiǎo	V	一/1	一②	8
78	担心	dān xīn	V//O	一/2	二	1
79	耽误	dānwu	V	二	三	2
80	但	dàn	Conj	一/2	一②	1
81	蛋糕	dàngāo	N	一/2	二	11
82	当年	dāngnián	N	一/2	二	15
83	导演	dǎoyǎn	N/V	二	一③	5
84	到底	dàodǐ	Adv	一/2	一③	12
85	道理	dàolǐ	N	一/2	一②	15
86	道路	dàolù	N	一/2	一②	14

87	的话	dehuà	Pt	一/2	一②	3
88	的确	díquè	Adv	乙	二	9
89	底	dǐ	N	二	二	4
90	地点	dìdiǎn	N	一/2	一①	4
91	电冰箱	diànbīngxiāng	N	一/2		4
92	电视台	diànshìtái	N	一/2	一③	8
93	电台	diàntái	N	一/2	一③	8
94	电影院	diànyǐngyuàn	N	一/2	一②	5
95	店	diàn	N	一/2	二	3
96	东方	dōngfāng	N	一/2	一③	14
97	懂得	dǒngde	V	一/2	一③	11
98	动作片	dòngzuòpiàn	N			5
99	都城	dūchéng	N			6
100	短期	duǎnqī	N	一/2	一③	13
101	锻炼	duànliàn	V	一/1	二	1
102	对话	duìhuà	N	一/2	一②	5
103	对象	duìxiàng	N	二	一③	13
104	多么	duōme	Adv	一/1	一②	5
		F				
105	发愁	fā chóu	V//O	三、四	三	15
106	发达	fādá	Adj	一/2	一③	15
107	发挥	fāhuī	V	乙	二	13
108	发展	fāzhǎn	N/V	一/2	一②	14
109	反正	fǎnzhèng	Adv	一/2	一③	15
110	范围	fànwéi	N	一/2	一③	10
111	房东	fángdōng	N	三、四	二	4
112	房租	fángzū	N	三、四	二	4
113	放松	fàngsōng	V	二	二	6
114	放心	fàng xīn	V//O	一/2	一②	6
115	费	fèi	V	一/2	一③	13
116	分配	fēnpèi	V	一/2	一③	8
117	份	fèn	M	一/2	一②	13
118	风景	fēngjǐng	N	一/2	二	1
119	风俗	fēngsú	N	一/2	二	9

120	风味	fēngwèi	N	三、四	三	2
121	服务	fúwù	V	一/1	一②	4
122	父母	fùmǔ	N		一②	11
123	付	fù	V	一/2	二	4
124	负担	fùdān	N	二	二	12
		G				
125	改变	gǎibiàn	V	一/2	一②	10
126	改进	gǎijìn	V	一/2	一③	14
127	干脆	gāncuì	Adv	一/2	二	4
128	赶上	gǎn shang		二	二	6
129	感动	gǎndòng	Adj/V	一/2	一②	11
130	感激	gǎnjī	V	一/2	三	8
131	感冒冲剂	gǎnmào chōngjì				7
132	感情	gǎnqíng	N	一/2	一③	11
133	感受	gǎnshòu	N	二	一③	14
134	根据	gēnjù	Prep	一/2	一③	12
135	工艺品	gōngyìpǐn	N	一/2		8
136	功夫	gōngfu	N	一/2	一③	5
137	功夫片	gōngfupiàn	N			5
138	古	gǔ	Adj	一/2	一③	5
139	古代	gǔdài	N	一/2	一③	14
140	古迹	gǔjì	N	一/2	三	6
141	顾	gù	V	一/2	二	2
142	怪不得	guàibude	Adv	二	三	5
143	关照	guānzhào	V	一/2	三	8
144	观察	guānchá	V	一/2	一③	12
145	观念	guānniàn	N	二	一③	14
146	光	guāng	Adv	一/2	一③	2
147	光盘	guāngpán	N		二	8
148	广场	guǎngchǎng	N	一/2	一②	1
149	广泛	guǎngfàn	Adj	一/2	二	10
150	逛	guàng	V	一/2	二	3
151	贵重	guìzhòng	Adj	三、四	三	8
152	国际	guójì	N	一/2	一②	5

153	国内	guó nèi			一②	10
154	果然	guǒrán	Adv	一/2	一③	11
155	过程	guòchéng	N	一/2	一③	12
H						
156	毫不	háo bù		一/2	三	13
157	合同	hétong	N	一/2	二	4
158	盒	hé	M	一/2	二	8
159	嘿	hēi	Int	一/2	三	5
160	后悔	hòuhuǐ	V	一/2	二	3
161	胡同	hútòng	N	一/2	二	14
162	互联网	hùliánwǎng	N		一③	10
163	花灯	huādēng	N			9
164	坏处	huàichu	N	一/2	一③	15
165	还	huán	V	一/1	一①	4
166	回忆	huíyì	V	一/2	二	15
167	活泼	huópō	Adj	一/2	二	13
168	或	huò	Conj	一/2	一③	6
J						
169	积极	jījí	Adj	一/2	一③	15
170	积极性	jījíxìng	N	一/2		12
171	基本	jīběn	Adj	一/2	一③	8
172	激烈	jīliè	Adj	一/2	二	12
173	集合	jíhé	V	一/1	二	1
174	集中	jízhōng	V	一/2	一③	6
175	既	jì	Adv	一/2	二	1
176	既然	jìrán	Conj	一/2	二	12
177	寄托	jìtuō	V	三、四	三	12
178	加快	jiākuài	V		一③	14
179	加以	jiāyǐ	V	一/2	二	13
180	家庭	jiātíng	N	一/1	一②	9
181	价	jià	N	二	二	4
182	假期	jiàqī	N	二	一③	6
183	坚持	jiānchí	V	一/1	一②	12
184	肩	jiān	N	一/2	二	3

185	见外	jiànwài	Adj	二	附	7
186	建立	jiànlì	V	一/2	一③	14
187	建设	jiànshè	V	一/2	一③	14
188	建筑	jiànzhù	N	一/2	二	14
189	奖	jiǎng	N	一/2	二	5
190	交际	jiāojì	V	一/2	二	10
191	叫做	jiàozuò	V	一/2	一②	3
192	教育	jiàoyù	V/N	一/1	一②	12
193	阶段	jiēduàn	N	一/2	二	14
194	接近	jiējìn	V	一/2	一③	11
195	节目	jiémù	N	一/1	一②	8
196	节日	jiérì	N	一/1	一②	9
197	解决	jiějué	V	一/1	一③	1
198	今后	jīnhòu	N	一/2	一③	7
199	仅仅	jǐnjǐn	Adv	一/2	一③	13
200	尽量	jǐnliàng	Adv	一/2	一③	7
201	紧	jǐn	Adj	一/2	一③	3
202	进入	jìnrù	V	一/2	一②	14
203	进一步	jìnyíbù	Adv	一/2	一③	2
204	近来	jìnlái	N	一/2	二	3
205	劲儿	jìnr	N	一/2		7
206	经验	jīngyàn	N	一/1	一②	12
207	惊喜	jīngxǐ	Adj		二	11
208	竞争	jìngzhēng	V	二	二	12
209	纠正	jiūzhèng	V	一/2	二	13
210	就是	jiùshì	Adv	一/2		8
211	举办	jǔbàn	V	二	一③	11
212	巨大	jùdà	Adj	一/2	二	14
213	拒绝	jùjué	V	一/2	二	13
214	具体	jùtǐ	Adj	一/2	一③	8
215	具有	jùyǒu	V	一/2	一③	8
216	据说	jùshuō	V	一/2	一③	4
217	距离	jùlí	N	一/2	二	1

K						
218	开心	kāixīn	Adj	三、四	一②	5
219	砍价	kǎn jià	V//O			4
220	看来	kàn lái		一/2	一②	3
221	看样子	kàn yàngzi		一/2	三	2
222	看重	kànzhòng	V		三	9
223	科技	kējì	N	二	一③	14
224	咳嗽	késou	V	一/1	三	7
225	可	kě	Conj	一/2	二	1
226	可靠	kěkào	Adj	一/2	一③	3
227	可怜	kělián	Adj	一/2	二	12
228	可怕	kěpà	Adj	一/2	一②	15
229	可惜	kěxī	Adj	二	二	14
230	可以	kěyǐ	Adj	一/2		2
231	刻苦	kèkǔ	Adj	一/2	三	12
232	课程	kèchéng	N	一/2	一③	10
233	肯定	kěndìng	Adv	一/2	一②	3
234	控制	kòngzhì	V	一/2	二	10
235	口味	kǒuwèi	N		三	2
236	夸奖	kuājiǎng	V	二	附	4
237	快速	kuàisù	Adj	三、四	一③	14
238	宽敞	kuānchang	Adj	三、四	三	8
239	况且	kuàngqiě	Conj	二	三	13
240	扩大	kuòdà	V	一/2	二	10
L						
241	蜡烛	làzhú	N	二	三	11
242	辣	là	Adj	二	二	2
243	来着	láizhe	Pt	一/2		5
244	来自	láizì	V	一/2	一③	13
245	老	lǎo	Adj	一/1	一①	15
246	老家	lǎojiā	N	二	二	9
247	老实	lǎoshi	Adj	一/2	二	12
248	老太太	lǎotàitai	N	一/2	一③	15
249	老头儿	lǎotóur	N	一/2	一③	15

250	乐观	lèguān	Adj	一/2	一③	15
251	类	lèi	N	一/2	一③	8
252	里边	lǐbian	N	一/1	一①	2
253	历来	lìlái	Adv	二	三	9
254	历史	lìshǐ	N	一/1	一②	6
255	厉害	lìhai	Adj	一/2	二	7
256	利用	lìyòng	V	一/2	一②	10
257	连	lián	Adv	一/2	一②	6
258	凉	liáng	Adj	一/2	一②	2
259	量	liáng	V	一/2	一②	7
260	辆	liàng	M	一/1	一②	1
261	了不起	liǎobuqǐ	Adj	一/2	二	10
262	临时	línshí	Adj	一/2	二	13
263	另外	lìngwài	Conj	一/2	一②	4
264	留学	liú xué	V//O	一/2	一③	5
265	流利	liúlì	Adj	一/2	一②	4
266	流行	liúxíng	V	二	一②	7
267	录	lù	V	一/2	一③	8
268	路过	lùguò	V	二	二	3
269	旅途	lǚtú	N	一/2	三	6
			M			
270	嘛	ma	MdPt	一/2	二	2
271	满	mǎn	Adj	一/1	一②	6
272	毛病	máobìng	N	一/2	一②	3
273	贸易	màoyì	N	一/2	二	13
274	没错儿	méi cuòr		一/2	二	9
275	没事儿	méi shìr	V//O	一/2	一②	7
276	没用	méi yòng		一/2	一①	7
277	美术	měishù	N	一/2	一③	12
278	谜语	míyǔ	N	二	附	9
279	密切	mìqiè	Adj	一/2	二	10
280	免得	miǎnde	Conj	一/2	二	7
281	面对	miànduì	V	丙	一③	15
282	面貌	miànmào	N	二	二	14

283	民间	mínjiān	N	二	一③	14
284	民主	mínzhǔ	Adj	一/2	一③	12
285	名胜	míngshèng	N	一/2	二	6
286	明显	míngxiǎn	Adj	一/2	一③	14
			N			
287	哪怕	nǎpà	Conj	一/2	二	15
288	哪些	nǎxiē	Pr	一/2	一②	1
289	南面	nánmian	N	一/2		5
290	难道	nándào	Adv	一/2	一②	15
291	难忘	nán wàng			二	11
			O			
292	哦	ò	Int	二	三	2
			P			
293	派	pài	V	一/1	一③	13
294	泡	pào	V	二	二	8
295	培养	péiyǎng	V	二	二	12
296	批准	pīzhǔn	V	一/2	一③	6
297	骗	piàn	V	一/2	二	11
298	品种	pǐnzhǒng	N	一/2	二	3
			Q			
299	期	qī	N	一/2		4
300	期间	qījiān	N	一/2	二	13
301	期末	qīmò	N			15
302	其次	qícì	Pr	乙	一③	13
303	其余	qíyú	Pr	一/2	二	6
304	其中	qízhōng	N	一/2	一②	5
305	祈祷	qídǎo	V	三、四	三	9
306	气温	qìwēn	N	一/2	一③	6
307	千万	qiānwàn	Adv	一/2	一③	11
308	签订	qiāndìng	V	一/2	二	4
309	前途	qiántú	N	一/2	二	12
310	强迫	qiǎngpò	V	二	二	12
311	瞧	qiáo	V	一/2	二	3
312	巧妙	qiǎomiào	Adj	一/2	二	11

313	轻	qīng	Adj	一/1	一②	8
314	清	qīng	Adj	一/2	二	1
315	清淡	qīngdàn	Adj		附	2
316	情景	qíngjǐng	N	一/2	二	15
317	情意	qíngyì	N			8
318	全部	quánbù	N	一/2	一②	4
			R			
319	热爱	rè' ài	V	一/2	一③	14
320	热闹	rènao	Adj	一/1	二	9
321	热心	rèxīn	Adj	一/2	二	11
322	人才	réncái	N	一/2	一③	12
323	人类	rénlèi	N	一/2	一③	14
324	认得	rènde	V	一/2	二	15
325	日程	rìchéng	N	一/2	三	6
326	日新月异	rì xīn yuè yì		三、四	附	14
327	日用品	rìyòngpǐn	N	一/2		3
328	如何	rúhé	Pr	乙	一③	8
			S			
329	扫除	sǎochú	V	三、四	三	9
330	森林	sēnlín	N	一/2	二	6
331	善于	shànyú	V	一/2	二	10
332	伤心	shāng xīn	V//O	一/2	一③	15
333	商品房	shāngpǐnfáng	N			8
334	商务	shāngwù	N	三、四	二	10
335	上网	shàng wǎng	V//O		一①	10
336	上衣	shàngyī	N	一/2	二	3
337	烧	shāo	V	一/2	二	7
338	稍微	shāowēi	Adv	一/2	二	3
339	少数民族	shǎoshù mínzú		二		6
340	舌头	shétou	N	一/2	二	7
341	社会	shèhuì	N	一/2	一②	12
342	伸	shēn	V	一/2	二	7
343	身边	shēnbiān	N	一/2	二	11
344	深厚	shēnhòu	Adj	一/2	二	11

345	深入	shēnrù	Adj/V	一/2	一③	9
346	什么的	shénmede	Pt	一/2		7
347	升	shēng	V	一/2	一③	12
348	生气	shēng qì	V//O	一/2	一①	11
349	声	shēng	N	一/1	二	9
350	省	shěng	V	一/2	一②	2
351	省会	shěnghuì	N	丁		6
352	胜任	shèngrèn	V	三、四	三	13
353	失去	shīqù	V	一/2	一②	14
354	实话	shíhuà	N	二	三	2
355	实际上	shíjìshang	Adv		一③	8
356	实用	shíyòng	Adj	一/2	二	8
357	食品	shípǐn	N	一/2	一③	9
358	食物	shíwù	N	一/2	一②	3
359	市场	shìchǎng	N	一/2	一③	3
360	市区	shìqū	N	二	二	9
361	事物	shìwù	N	乙	二	2
362	适合	shìhé	V	一/2	一②	2
363	室	shì	N	一/2	一③	8
364	收获	shōuhuò	N	一/2	二	15
365	收入	shōurù	N	一/2	一②	13
366	手机	shǒujī	N		一①	10
367	手续	shǒuxù	N	一/2	一③	4
368	首先	shǒuxiān	Conj	一/2	一③	13
369	受	shòu	V	一/2	一③	10
370	束	shù	M	二	一③	8
371	双方	shuāngfāng	N	一/2	一③	4
372	顺便	shùnbiàn	Adv	一/2	三	13
373	顺利	shùnlì	Adj	一/2	一②	9
374	说法	shuōfa	N	二	二	2
375	四合院	sìhéyuàn	N		三	14
376	寺庙	sìmiào	N		三	9
377	似乎	sìhū	Adv	一/2	二	12
378	俗话	súhuà	N	二	三	8

379	速度	sùdù	N	一/2	一③	14
380	随着	suízhe	Prep	三、四	二	12
			T			
381	态度	tàidu	N	一/1	一②	15
382	特点	tèdiǎn	N	一/2	一②	2
383	特色	tèsè	N	二	一③	2
384	提	tí	V	一/1	一②	11
385	体温	tǐwēn	N	二	三	7
386	体温表	tǐwēnbiǎo	N			7
387	体育场	tǐyùchǎng	N	一/2	一②	15
388	挑	tiāo	V	一/2	二	8
389	厅	tīng	N	丙	二	8
390	通讯	tōngxùn	N	一/2	二	15
391	同情	tóngqíng	V	一/2	二	12
392	痛苦	tòngkǔ	Adj	一/2	一③	15
393	图书馆	túshūguǎn	N	一/1	一②	10
394	团聚	tuánjù	V	丁	三	9
395	退换	tuìhuàn	V			3
396	拖	tuō	V	一/2	二	8
			W			
397	外面	wàimian	N	一/2	一①	1
398	完整	wánzhěng	Adj	一/2	一③	14
399	晚会	wǎnhuì	N	一/1	一②	9
400	晚年	wǎnnián	N	丁	三	15
401	网吧	wǎngbā	N		二	10
402	网络	wǎngluò	N	三、四	一②	10
403	网站	wǎngzhàn	N		一③	10
404	未来	wèilái	N	一/2	二	15
405	温度	wēndù	N	一/2	一②	7
406	文物	wénwù	N	一/2	三	14
407	问候	wènhòu	V	一/2	二	11
408	武打片	wǔdǎpiàn	N			5
			X			
409	西方	xīfāng	N	一/2	一③	9

410	西红柿	xīhóngshì	N	乙	二	2
411	洗衣机	xǐyījī	N	一/2	一②	4
412	咸	xián	Adj	丙	二	2
413	相当于	xiāngdāng yú			三	4
414	相互	xiānghù	Adv	一/2	一③	9
415	相同	xiāngtóng	Adj	一/2	一②	11
416	想念	xiǎngniàn	V	一/2	二	11
417	想象	xiǎngxiàng	V	一/2	二	15
418	消化	xiāohuà	V	一/2	二	2
419	小学	xiǎoxué	N	一/2	一①	13
420	孝顺	xiàoshùn	V	二	附	11
421	校园	xiàoyuán	N	三、四	一③	1
422	笑话	xiàohua	V	一/2	一③	15
423	效果	xiàoguǒ	N	一/2	一③	13
424	歇	xiē	V	一/2	二	7
425	心意	xīnyì	N	二	三	8
426	心愿	xīnyuàn	N	三、四	二	13
427	辛苦	xīnkǔ	Adj	一/1	二	12
428	新潮	xīncháo	Adj		附	14
429	新年	xīnnián	N	一/1	一①	9
430	信息	xìnxī	N	二	一③	10
431	信心	xìnxīn	N	一/2	一②	15
432	兴奋	xīngfèn	Adj	一/2	二	5
433	形式	xíngshì	N	一/2	一③	10
434	性	xìng	Suf	一/2	一③	7
435	姓名	xìngmíng	N	一/2	二	4
436	许愿	xǔ yuàn	V//O			11
437	选择	xuǎnzé	N/V	一/2	二	12
		Y				
438	压力	yālì	N	二	一③	12
439	押金	yājīn	N		二	4
440	呀	ya	Int	一/1	二	7
441	演	yǎn	V	一/2	一②	5
442	演员	yǎnyuán	N	一/2	一②	5

443	验血	yàn xiě				7
444	养病	yǎng bìng	V//O			7
445	样	yàng	M	一/2	二	2
446	遥远	yáoyuǎn	Adj	丙	三	15
447	要紧	yàojǐn	Adj	一/2	三	7
448	也许	yěxǔ	Adv	一/1	一②	8
449	业务	yèwù	N	一/2	二	13
450	夜	yè	N	一/1	一③	7
451	依	yī	Prep	三、四	三	6
452	一旦	yídàn	Adv	三、四	二	12
453	一路平安	yílù píng'ān		一/2	一②	6
454	一路顺风	yílù shùnfēng		丙	一②	6
455	遗产	yíchǎn	N	二	二	6
456	遗憾	yíhàn	Adj	二	二	14
457	以	yǐ	Prep	一/2	三	13
458	以至	yǐzhì	Conj	二		10
459	一边	yìbiān	N	一/2	一①	15
460	一举两得	yì jǔ liǎng dé				5
461	一言为定	yì yán wéi dìng		二		1
462	意外	yìwài	Adj	一/2	一③	11
463	意义	yìyì	N	一/2	一②	15
464	印象	yìnxiàng	N	一/2	一②	14
465	应	yīng	OpV	一/2	二	4
466	影片	yǐngpiàn	N	二	一③	5
467	影响	yǐngxiǎng	V/N	一/2	一②	7
468	用不着	yòng bu zháo		一/2	二	1
469	用处	yòngchu	N	一/2	二	10
470	用功	yònggōng	Adj	一/2	三	12
471	用途	yòngtú	N	二	二	10
472	优惠	yōuhuì	Adj	二	二	4
473	优美	yōuměi	Adj	一/2	二	6
474	悠久	yōujiǔ	Adj	一/2	三	6
475	油腻	yóunì	Adj			2
476	游戏	yóuxì	N	二	一②	10

477	有名	yǒumíng	Adj	一/1	一①	5
478	有时	yǒushí	Adv	一/2	一①	3
479	有用	yǒu yòng		一/2	一①	3
480	娱乐	yúlè	V	二	二	10
481	愉快	yúkuài	Adj	一/1	二	6
482	预订	yùdìng	V	丁	二	6
483	元宵	yuánxiāo	N	二		9
484	愿望	yuànwàng	N	一/2	一②	13
485	愿意	yuànyì	OpV	一/1	一②	4
486	阅读	yuèdú	V	一/2	二	10
487	允许	yǔnxǔ	V	一/2	二	12
488	运动服	yùndòngfú	N			3
		Z				
489	暂时	zànshí	N	一/2	二	10
490	早晚	zǎowǎn	Adv	二	二	15
491	责任	zérèn	N	一/2	一③	12
492	占用	zhànyòng	V		三	10
493	照	zhào	Prep	一/2	一③	10
494	照相机	zhàoxiàngjī	N	一/2		6
495	珍惜	zhēnxī	V	二	二	14
496	整	zhěng	Adj	二	一③	7
497	正	zhèng	Adj	一/2	一③	5
498	证明	zhèngmíng	V	一/2	一②	13
499	症状	zhèngzhuàng	N	二	二	7
500	之后	zhīhòu	N	一/2	一②	9
501	支持	zhīchí	V	一/2	一②	12
502	直接	zhíjiē	Adj	一/2	一②	10
503	职业	zhíyè	N	一/2	一②	13
504	只有	zhǐyǒu	Conj	一/2	一②	9
505	指	zhǐ	V	一/1	一③	2
506	指导	zhǐdǎo	V	一/2	一③	13
507	质量	zhìliàng	N	一/2	二	3
508	中心	zhōngxīn	N	一/2	一②	10
509	终生	zhōngshēng	N	三、四	三	11

510	终于	zhōngyú	Adv	一/2	一②	5
511	钟	zhōng	N	一/1	一③	9
512	重	zhòng	Adj	一/1	一①	8
513	重视	zhòngshì	V	一/2	一③	9
514	周围	zhōuwéi	N	一/1	一②	4
515	逐渐	zhújiàn	Adv	一/2	二	5
516	主张	zhǔzhāng	V	一/2	一③	10
517	注意	zhùyì	V			6
518	祝贺	zhùhè	V	一/2	二	11
519	祝愿	zhùyuàn	V	二	二	9
520	抓紧	zhuājǐn	V	一/2	二	5
521	专门	zhuānmén	Adj/Adv	一/2	一③	4
522	滋味	zīwèi	N	三、四	三	11
523	自然	zìrán	N	一/2	一③	6
524	自由自在	zìyóu zìzài			三	15
525	总而言之	zǒng ér yán zhī		二	附	15
526	租	zū	V	二	一②	4
527	租金	zūjīn	N	二	二	4
528	嘴	zuǐ	N	一/1	一②	7
529	最初	zuìchū	N	一/2	二	2
530	做法	zuòfǎ	N	一/2	一③	2

专有名词 Proper Nouns

序号	词语	拼音	课号
		B	
1	北海	Běihǎi	1
		C	
2	成都	Chéngdū	6
3	成龙	Chéng Lóng	5
4	承德	Chéngdé	6
5	春节	Chūn Jié	9
		G	
6	故宫	Gù Gōng	1
7	广东	Guǎngdōng	2
		J	
8	江苏	Jiāngsū	2
		K	
9	昆明	Kūnmíng	6
		L	
10	丽江	Lìjiāng	6
		M	
11	马克	Mǎkè	1
		Q	
12	情人节	Qíngrén Jié	9
		S	
13	山东	Shāndōng	2
14	山下	Shānxià	1
15	圣诞节	Shèngdàn Jié	9
16	四川	Sìchuān	2
		T	
17	天安门广场	Tiān'ānmén Guǎngchǎng	1
18	天津	Tiānjīn	6
		W	
19	王府井	Wángfǔjǐng	3

X			
20	西安	Xī'ān	6
21	西单	Xīdān	3
Y			
22	《英雄》	《Yīngxióng》	5
23	元旦	Yuándàn	9
24	元宵节	Yuánxiāo Jié	9
25	云南省	Yúnnán Shěng	6
Z			
26	张艺谋	Zhāng Yìmóu	5
27	中秋节	Zhōngqiū Jié	9
28	中央电视台	Zhōngyāng Diànshìtái	9